ホワイトヘッドの政治理論

伊藤重行 著

A.N. Whitehead's Theory of Politics

Shigeyuki Itow

学文社

はじめに

長い期間にわたって、数学者、科学哲学者、形而上学者であったA・N・ホワイトヘッド（一八六一―一九四七）の研究をしてきた。そのきっかけは、最初チェコスロバキア（当時）のプラハから米国に移住してきた歴史学者K・W・ドイッチュの『サイバネティクスの政治理論』(1)（原著 *The Nerves of Government*）を読んだことに始まる。そこにはノーバート・ウィーナーのサイバネティックスが基本になって応用されていることが書かれていた。そこでサイバネティックスを徹底的に調べ、研究してみると、ノーバート・ウィーナーは、数学者として英国のバートランド・ラッセルとA・N・ホワイトヘッドの下で研究し、米国に帰国してからハーバード大学での最初の講義が「ホワイトヘッドの数学と論理的構成過程について」(2)であったことが分かった。その講義をもとにノーバート・ウィーナーは、サイバネティックスという新しい学問を創造した。それは、コンピュータのような自動機械の基礎研究であり、通信と情報と制御の研究であり、新しい情報科学を切り開くものであった。しかもそれは、一元的世界が多元的世界に、また多元的世界が一元的世界に「進化と革命」(3)を繰り返す過程の原理を論理的に明らかにしていた。

確かにノーバート・ウィーナーが、英国のバートランド・ラッセルとA・N・ホワイトヘッドの下で研究した時に、彼らはニュートン張りの四分冊にもなる膨大な『数学原理』（原著 *Principia Mathematica*）に熱中し、記号論理学を完成途中であったのだ。その研究内容をノーバート・ウィーナーが垣間みていて米国でサイバネティックスを作り上げていったのであった。この数学の動向は新しい学問を指向していると理解し、神の問題でホワイトヘッドがラッセルと別れたことを知り、ホワイトヘッドに関心を持ち始めたのであった。私は神の問題がそう簡単に解決できないと考えていたし、ホワイトヘッドがその後、科学論に進み、遂に形而上学を作り始めたので非常に関心を持ったのであった。ホワイトヘッドは、「過程こそ実在だ」と宣言し、そして神々の形而上学を作り上げたのであった。これは素粒子論や核物理学に依拠したもので、時代は神から神々の時代に変化してきていることの学問的予言である。神々の世界は、日本の神々や仏も一緒に共生する世界である。新しい哲学を予感し、遂にホワイトヘッドの研究になってしまったのである。その後、西田幾多郎、フォン・ベルタランフィ、D・イーストン、T・パーソンズ、H・サイモンが世界的活躍をし始め、ロシアですらもがその研究に邁進するようになっていったのであった。

私は、ホワイトヘッドの形而上学の研究から新しい形の政治理論をものにしたく努力をしてきた。グローバルの時代、地球社会の時代、さらにアジア太平洋の時代を意識した政治理論を作ってみたいと生きてきた。あの難解なホワイトヘッドの形而上学を今の科学理論に翻訳してみると、「一緒になって在る」という意味の「システム」(systems)と置き換えることができるという確信になった。そして『システムポリテイックス』[4]を上梓したが、今回はもっと根本的な政治理論を世に出してみようということになったのである。グローバルな民主主義の構築への挑戦であり、グローバルな企業や団体が無視できない基礎理論への探求である。

日本の歴史をみると、先進的な文明や文化を採り入れ、コピーしながら独自の文明や文化を構成してきた。この歴史過程は、サイバネティックスの入―出力過程とフィードバック循環過程の視点からみれば、最先端の科学的見地とみなすことができる。日本の大化の改新や明治維新は、日本の内部崩壊を防御し、新しい世界文明に参加できた歴史的出来事だった。明治維新を起こした日本人の先輩の苦労を知り、本研究が日本の伝統主義と保守主義を守り、尊皇攘夷派と開国派の両派の役割を自覚し、未来の地球文明の形成に役立つことを期待している。新しい地球時代の日本からの学問的貢献の一つに加えられることになれば望外の喜びである。

平成二〇年三月四日

福岡市・博多湾の眺望出来る研究室にて　著者

註と引用文献

（1）K・W・ドイッチュ『サイバネティクスの政治理論』伊藤重行・佐藤敬三・高山巌・谷藤悦史・藪野祐三訳、早稲田大学出版部、（新装版）二〇〇二年（原著 *The Nerves of Government*, 1966）

（2）ノーバート・ウィーナー『サイバネティックスはいかにして生まれたか』鎮目恭夫訳、みすず書房、一九五六年、一二頁

（3）日本語の「進化と革命」は、無関係のように映るが、英語では、evolution と revolution となり、進化を二回繰り返すと革命の意味になる

（4）伊藤重行『システムポリティックス』勁草書房、一九八七年

目次

第二部　ホワイトヘッドを越えて

第一部　ホワイトヘッドの政治理論

第一章　A・N・ホワイトヘッドへの道

私の過去を振り返ってみることによって、自分が積極的人間になってきた過程を描き出してみよう。換言すれば、私がどのようにして学問の道を成就しようとしているのかを考察する事になる。この私の言及は、これから学問の道を歩もうとする人々に参考となるかも知れない。私の経験からいえることは、先生から指示され、教えを受けている限りではどうもしっくりと自分の学問にならず、やはり自分の納得する学問の対象を自分の能力で獲得することが重要であるといえる。そのために全く別の分野の研究者と交流することが非常に大事と振り返ることができる。

私の大学院時代には、どちらかといえば教師たちはイデオロギーにかぶれていた時代であったといえよう。私はその傾向に疑問を持ち、最新の科学やコンピュータ技術、さらにサイバネティックスの知識を獲得しようと努力をしていた。もう少し赤裸々に私の周りをみてみよう。今から四〇年前の昭和四〇年代には、共産主義が理想のように語られ、それらの主導者の声は高く響き渡っていた。大学の教室でもマルクス主義こそ本当の思想のように語られていた。損得勘定でその路線に賛同して行った人々は、今はそんなことがなかったような顔をして日々を送っている。今、身の周りでどのような政治がなされているだろうか。政治とは諸価値としての政治資源を「権威」を使っての公正な配分をするものというのがシステム哲学の定義である。しかし現実の政治は、諸価値としての政治資源を「権力」を使っての恣意的配分になっている。前者は権威を合意形成過程のなかで生起してくるという理論であり、したがって人々に権威として認知されるためには公的目標追求が主眼となる政治である。政治資源は自由主義的であり、民主主義的配分となる。後者は権力という相手の意思を無視してでも押し通す理論で、人々の意思を無視する事のなかに紛争拡大の要因を常に含んでいることから私的目標追求に結果する理論であり、したがって人々の間に敵愾心や紛糾などの紛争拡大が起きることになる。政治資源は権力的であり、全体主義的配分となる。私の周りの大なり、小なりの政治でも、前者よりも後者の傾向が強く、二一世紀になってもこのようなのだ。この現実は、明らかにわれわれの思想と哲学が問題なのである。私の研究しているホワイトヘッドは、「諸価値としての権威を使っての公正な配分」を発展させる立場であったし、また釧路湿原の北側の鶴居村チルワツナイに住み、釧路湿原の聖人と語り継がれてきた長谷川光二（本書、第十一章参照）もこれと同じ立場にあった。以下では、ホワイトヘッドの人格がどのように多くの人々に受け入れられていったかに論及してみよう。

一、ホワイトヘッドの門下生――バートランド・ラッセル、デーヴィット・イーストン、ジョージ・ホマンズ、タルコット・パーソンズ、ノーバート・ウィーナー

日本では、ホワイトヘッドについてほとんど知られていない。[1] 彼は、二〇世紀のデカルトといわれたり、また彼の弟子であり、共同研究者でもあったバートランド・ラッセル（Bertrand Russell）から「ホワイトヘッドは教師として非の打ち所がなかった」といわれたほどの人物であった。先生としてのホワイトヘッド、その弟子のバートランド・ラッセル、またその門下生のサイバネティックスの創始者、ノーバート・ウィーナー（Nobert Wiener）、そしてまた

ヴィトゲンシュタイン（Ludwig Wittgenstein）と巨頭が続いていたのであった。[2] チェコスロバキア（当時）のプラハから米国に移住してきた政治学者カール・ドイッチュ（Karl W. Deutsch）は、ノーバート・ウィーナーを同僚と呼び、サイバネティックスを彼から学んだ。カナダから米国に来たデーヴィット・イーストン（David Easton）は、初期にはホワイトヘッドに関する論文をものにしていた。[3] その彼はホワイトヘッドの会合に参加していた社会学者のホマンズ（George C. Homans）やホマンズの後輩のタルコット・パーソンズ（Talcott Parsons）とも出会い、さらに一般システム理論家のフォン・ベルタランフィ（Von Bertalanffy）らの研究会でサイバネティックスやシステム理論の多くの専門家と出会っていた。これらの出会いが政治システム理論の研究に進む契機になったと、私の友人の社会システム論者、ウオルター・バックレイ（Walter Buckley）が語っていた。またタルコット・パーソンズの社会システム論の概念的枠組みが、ホワイトヘッド哲学の枠組みを援用したものであろうという指摘がトーマス・J・ファラロ（Thomas J. Fararo）によってなされている。[4] この指摘を調べてみると真実のようなので、もしそうだとすれば、タルコット・パーソンズはホワイトヘッドを発展させたものといえよう。

私にとって、ホワイトヘッドは何しろ六三歳から米国・ハーバード大学の哲学教授に招聘されてから、ほとばしり出てくる世界解釈と形而上学の建設、そして多くの平凡人が定年後、消えていってしまうにもかかわらず、ホワイトヘッドの場合はこの六三歳からの第二の人生にもう一つの花を咲かせたあのエネルギーはどこから来たのか、と強烈な印象が残る。これは生き方の違いなのかと思えることだ。私が彼に聞いてみたいことは、戦争と平和、悪と善の価値の区別、動物よりも人間の方が誤謬が多いと思われる根拠は何故か、デモクラシーの発展に彼の哲学はどのように係るのかである。すなわち、彼の形而上学と政治思想との係りについて論及してみたいのである。

日本でも、最近以下で触れているようにホワイトヘッドの研究者が増えてきた。ホワイトヘッド学会まで創設されているし、米国のカリフォルニア・クレアモントにあるプロセス研究センター、ベルギーにあるルーヴァン・カトリック大学などが世界のホワイトヘッド研究者が集まっているところといえよう。いろいろな国際会議で最近、ホワイトヘッド研究者と出会う機会が多くなってきた。さらに二〇〇四年になってから韓国、中国、台湾などを含めた北東アジアのホワイトヘッド研究会の設立の話も出てきていることは、近年のホワイトヘッド研究の深化の表れと考えられる。

二、東京・神田の知的徘徊からホワイトヘッド研究者になるまでのこと

ホワイトヘッドとの出会いについてここで簡単に記してみよう。そしてどのようにして彼の哲学に関心を持つようになっていったか、またホワイトヘッド研究者（ホワイトヘディアン）になるまでのことについても言及してみよう。

第一に、私は神田駿河台の明大大学院に通って、サイバネティックスとシステム理論を研究していた一方で、神田の古本屋で大島豊の『現代哲学の発達』、『宇宙論』、そして植田清次の『アングロサクスン哲学の伝統』を偶然見つけ、立ち読みしていた。そしてホワイトヘッドが紹介されているので何となくこれだと思うようになったのだ。この直感は大事なことで、それまでサイバネティックス関連のほとんど全ての論文を集め、読んでいたから直感が働いたのだと思う。サイバネティックスやシステム理論の背後にホワイトヘッドがいるということが分かったのである。その後、学友の隅田忠義がコリン・ウイルソン（Colin Wilson）の『アウトサイダーを越えて』『宗教と反抗人』のなかで、

ホワイトヘッドが扱われていると教えてくれた。彼はヒューム研究者であったので、その後別々の方向に進んでいる。(5)

第二に、その後大島豊は、明治大学で哲学教授として教鞭を取っていたと分かって、私が習う機会がなかったので残念であった。私が習った時にはもういなく、あまり印象が残らない哲学を講義していた先生であった(ただし、当の先生が悪いのではなく、私の頭の悪さと不勉強がこの様な印象しか持たなかったと今は思っている)。またあまりにも、私が学んでいた頃、マルクス・レーニン主義がはびこっていて、私は流行に乗らないか、あるいはどうも自分で納得しないとダメな人間のようだと思っていた。しかしこの大島豊先生と出会った人に、北海道池田町のワイン町長丸谷金保氏、その丸谷金保町長の弟子に、あの第八一代内閣総理大臣・村山富市首相がいるのであるからおもしろいことだ。この話は、村山富市元総理に直に聞いたことである。

第三に、市井三郎の『ホワイトヘッドの哲学』(6)を池袋の豊島区立図書館でみつけ、それを読み、当時の成蹊大学に会いに行ったらもうそんな研究をしていないといわれ落胆して帰った記憶がある。そうしている内に、当時の東京工業大学の藤川吉美のホワイトヘッド研究を知り、交流するようになった。今でも忘れない事柄に、鶴見俊輔の「四十年たって耳にとどく」(7)という小論であった。あんなに英語のできるハーバード大学卒業の彼がホワイトヘッドの最後の「不滅性」という講話を直接聞き、何をいっているかピンとこなかったが、しかし四十年も経っても頭から離れない話であったと記していた。私は、そんなホワイトヘッドに何か魅力を感じるものがあった。後日、鶴見俊輔に福岡で会った時に、その話を聞いてみたら、本当にそうであったので不思議であったと語っていた。

第四に、日本の政治学会で、ホワイトヘッドを少しでも扱った研究者としてあげるならば、藤原保信だけである。彼は一九八五年に出版した『政治理論のパラダイム転換』のなかの「機械論的自然観を越えて――新しい有機体的自然観へ」で、ホッブスなどの政治哲学を機械論的自然観に基づいているとして批判し、ホワイトヘッドのような有機体的自然観に基づいた政治理論と政治哲学への変更を迫っている。[8] 彼とは早稲田大学で開催されたある学会で、多少このホワイトヘッドのことで議論したが、それですべてが終わってしまった。彼はその後、病気になり、残念ながら昇天してしまったのである。

第五に、私のシステム哲学は、サイバネティックスやシステム理論から発展してきたもので、その背後に、ホワイトヘッドが潜んでいることがこれで理解できたと思う。このシステム哲学について、日本哲学会の廣松渉氏からオリジナリティがあると高い評価をいただいたり、また澤田允茂氏の貴重なコメントをいただくなど、若手の私にとってどれも貴重な励ましであったと同時に、貴重な体験であった。[9] 先輩の村田晴夫も私と同じ傾向を持ったシステム哲学者である。最近、日本の世界的なホワイトヘッド研究者、田中裕が、私のシステム哲学とホワイトヘッドの関連について気が付いて、それをホワイトヘッドの関連研究として扱い始めている。ホワイトヘッドと環境問題について研究している間瀬啓允、ホワイトヘッドと西田幾多郎の関係についての研究は、山本誠作、花岡永子によってなされ、世界的な評価を受けている。西田哲学に基づく政治思想、政治哲学の研究が、日本発のオリジナルなものとして発信されることが待たれる。また浄土真宗の仏教研究者、武田龍精のホワイトヘッド研究は世界的な研究として高い評価を得ている。このように日本のホワイトヘッド研究は地味であるが、それぞれ極めて独創的な研究であり、世界に通用する研究成果であるために高い評価を得ている。[10] それもホワイトヘッド研究者には外国語にたけている人が多いからでもある。

第六に、サイバネティックスの創始者、ノーバート・ウィーナーの友人であり、同僚のカール・ドイッチュは、サイバネティックスを彼から学び、政治理論の再構成に応用した。私は、カール・ドイッチュの研究もしてきたし、彼の古典的名著『サイバネティクスの政治理論』(原書 *Nerves of Government*) の翻訳書の出版にも係ってきた[11]。もう一方の政治学者、デーヴィット・イーストンは、社会学者のタルコット・パーソンズとの交流や一般システム理論家のフォン・ベルタランフィとの交流によって政治システム論の構築に向かったといわれている[12]。しかしホワイトヘッドが絡んでいることの言及があまりない。ノーバート・ウィーナーは、イギリスに行き、バートランド・ラッセルの下で数学、数理論理学、とくに大共著『数学原理』(*Principia Mathematica*) を研究した。この大共著は、バートランド・ラッセルの先生であったホワイトヘッドとの共著であり、その後の記号論理学、コンピュータ言語、情報理論に大きな影響を与えた。ホワイトヘッドはイギリスでの定年後、六三歳からハーバード大学の哲学教授に迎えられ、そこでの影響がどんなものであったかはつぎのような著作『ホワイトヘッドの機知と智恵』『ホワイトヘッドの対話』をみると分かる。ホワイトヘッドが開いた会合に社会学者のホマンズやあの有名なノーベル経済学賞を得たポール・サムエルソン (Paul Samuelson) が参加していたと記されている[13]。またホワイトヘッドはハーバード大学のヘンダーソンに誘われ、ハーバード・ビジネススクールでも講義などをしていた。経営学の方では、ホワイトヘッドとの関連でチェスター・バーナード (Chester Barnard) がよく取り上げられる[14]。このようにホワイトヘッドは、サイバネティックスやシステム理論の台頭に結びつく基礎や原理を提供していたということが理解されると思う。

第七に、ホワイトヘッドは「もの」的世界よりも、「こと」的世界に注目し、視点を移させた哲学者である。その根拠は、あの「出来事」(event)の概念から明らかである。[15] 出来事は生まれて、泡のように消えて行くものである。その性質は情報と似ている。「こと」的世界は、情報的世界であり、「もの」的世界の物質偏重とは異なる。したがってホワイトヘッドの系譜からサイバネティックスが生まれてくる根拠でもあり、またその後の記号論理学、コンピュータ科学、情報理論などの発展に寄与したこともまた理解されるであろう。

第八に、約二〇年前に、私は福岡で研究生活を送るようになった。そこには、あのノーバート・ウィーナーの友人の北川敏夫博士がいた。彼は、世界的な統計学者であり、数学の限界を知ったサイバネティックスの専門家であった。また彼はノーバート・ウィーナーを福岡に招待した人物でもあり、文献で彼のことを知っていた。彼はまたホワイトヘッドをよく知っていたのだ。こんなことがあったり、また北川敏夫博士の直弟子の北原貞輔博士の推薦もあったりで、私は晩年の北川敏夫博士との共著『システム思考の源流と発展』[16]を世に出す機会に恵まれた。こんな幸運は、人生に多くはないことだ。今思うに、願いはかなえられるということ。かなえられるようにいつも自分を訓練しておくことが大事だと学んだ。

第九に、以上に述べたことによって、私がどうしてホワイトヘッドを研究してきたか、そして何故今、ホワイトヘッドを書きたいのかが理解されたであろう。ホワイトヘッドは「これまでの哲学研究はプラトンの脚注作りである」とか頓知の利いた名句を多く残している。それらの名句は、A・H・ジョンソン編の『ホワイトヘッドの機知と智恵』[17]にまとめられている。彼とは、彼がカナダのウエスタン・オンタリオ大学の最後の頃に数回の手紙の交換があった。その後、ハリファックスの大学に勤めている彼の娘から父が逝去したという手紙をもらった。私の長い間のシステム哲学の研究と構築から、この辺でホワイトヘッドの研究へと進んでもよいであろう。

註と引用文献

（1）一九四五年以降に、日本ではバートランド・ラッセルのような政治的左翼が注目されていて、彼の先生であったホワイトヘッドには関心を示さなかった。東京よりも哲学の本場の京都で盛んに研究されていた。

（2）この関係については、拙著『システム哲学序説』（勁草書房、一九九八年）七章で論じている。

（3）David Easton, "What Dr. Whitehead Find in John Locke," *The Philosophical Forum*, Boston: The Boston University Philosophical Club, Vol. 1, Spring 1943, pp. 11-18.

（4）伊藤重行『システム　ポリテイックス』勁草書房、一九八七年、二六六—二六七頁

（5）大島豊『現代哲学の発達』第一書房、一九四五年、三〇五—三〇九頁

大島豊『宇宙論』第一書房、一九四七年、二六、八〇、二八四、三九八頁

植田清次『アングロサクスン哲学の伝統』東京堂、一九四七年、一六一—二一三頁

コリン・ウイルソン『アウトサイダーを越えて』中村保男訳、竹内書店、一九七〇年、第三章

コリン・ウイルソン『宗教と反抗人』中村保男訳、紀伊國屋書店、一九七八年、第九章

（6）この書は、最初、弘文堂のアテネ文庫として出版されたが、第三文明社版から再版される際、まず第一章のマルクス主義に配慮した論調が削除され、そして新版に付論として「戦争と平和を巡る思想」が加えられた。

（7）鶴見俊輔の「四十年たって耳にとどく」は、彼の『本と人と』西田書店、一九七九年に再録されている。

（8）藤原保信『政治理論のパラダイム転換』岩波書店、一九八五年、一一一—一一八頁

（9）廣松渉「日本の哲学会は今?」『理想』第六四八号、一九九二年、二一頁

澤田允茂「序文」『システム哲学入門』ラズロー著、伊藤重行訳、紀伊國屋書店、一九八〇年

卞崇道編『戦後日本哲学思想概論』本間史訳、農文協、一九九九年、三七頁

(10) 村田晴夫『管理の哲学』文眞堂、一九八四年
田中裕『逆説から実在へ』行路社、一九九三年
武田龍精「大乗仏教とホワイトヘッド哲学」『プロセス思想』創刊号、一九八五年
間瀬啓允『エコロジーと宗教』岩波書店、一九九六年
山本誠作・花岡永子「文明論の問題」『ホワイトヘッドと文明論』行路社、一九九五年
山本誠作『ホワイトヘッドと西田哲学』行路社、一九九五年

(11) カール・ドイッチュは、政治理論にサイバネティックスを応用した最初の研究者である。彼の古典的名著『サイバネティクスの政治理論』[伊藤他訳、早大出版部、一九八六年]（原書 *Nerves of Government*）は、世界的評価を得ている。

(12) デーヴィット・イーストンは、政治システム論の研究者として著名である。彼の最後の研究書『政治構造の分析』山川雄巳監訳、ミネルヴァ書房、一九九八年が出版された。

(13) R・プライス編『ホワイトヘッドの対話』岡田雅勝・藤本隆志訳、みすず書房、一九八〇年、二一三頁

(14) 村田晴夫『情報とシステムの哲学』文眞堂、一九九〇年の第六章を参照。

(15) 田中裕のホワイトヘッドの「出来事」の解説の中で、それを閉鎖系ではなく、開放系として解釈することに私は賛成している[参照、田中裕「ホワイトヘッドの『科学と近代世界』」『現代科学論の名著』（村上陽一郎編）中公新書、一九八九年、九頁]。私がシステム哲学を構築するときに、ホワイトヘッドの出来事および現実的実質を開放システムとして解釈し、論理を組み立てたのである。

(16) 北川敏夫・伊藤重行『システム思考の源流と発展』九州大学出版会、一九八七年

(17) **A. H. Johnson** (Ed.), *The Wit and Wisdom of Alfred North Whitehead*, Boston: The Beacon Press, 1947. この原著は、晩年の彼から拙者に寄贈されたものである。彼を招待したが年老いて日本まで行けないという断りの手紙をいただいた。間もなく、彼の娘のハリファックスにあるセイントメリーズ大学教授シェラ・キンドレド博士から父が一九八三年十月二十九日に逝去したという手紙をいただいた。

参考文献

A. N. Whitehead, *Process and Reality* (Corrected Edition), NY: Free Press, 1978.
J. L. Nobo, *Whitehead's Metaphysics of Extention and Solidarity*, Albany: State University of New York Press, 1986.
Shigeyuki Itow and Yamakawa, N., "Self-Organizing Leadership in Japanese Management," *CYBERNETICA*, vol.36, no.2, Namur (Belugium), 1993.
Shigeyuki Itow, "Views On Asia-Pacific Order," *ASIA-PACIFIC ECONOMIC REVIEW*, no. 3 (4), Hanoi, Vietnam, 1994.
Shigeyuki Itow, "The Philosophy of Asia-Pacific Region: Individualism, Collectivism, or Systemism," Collected Papers Edition by B. Kim (in preparation).
A・N・ホワイトヘッド『過程と実在（上、下）』山本誠作訳、松籟社、一九八五年
伊藤重行『システム哲学序説』勁草書房、一九八八年
伊藤重行『日本から新しい文明の波』勁草書房、一九九五年
伊藤重行「システム哲学とシステム的世界観について」『哲学』三二号、一九八二年

第二章　A・N・ホワイトヘッドの哲学の基本概念と現代的意義

ホワイトヘッドは、デカルト的にこの自然を物質的な実体（延長実体）と心的実体（思惟実体）に分割する二元論にはどうしても納得できなかった。そしてこの延長線上に発展してきた科学の実証主義に対しても、同じく一貫して反対の主張をしてきた。[1] 彼はただ反対するだけではなく、みずからの哲学、すなわち有機体の哲学を対置して反駁したのである。この点で、ホワイトヘッドを「二〇世紀のデカルト」と称したイギリスの詩人、批評家のハーバード・リードの言葉は誇張ではないであろう。アメリカのプラグマティストの大成者であったジョン・デューイは、ホワイトヘッドの「経験」の定義およびその内容に賛同を示し、また一般的に彼の哲学用語に向けられた批判に対して共感できないと述べた上で、彼の探求した哲学の独創性に高い評価を与えている。[2]

一、A・N・ホワイトヘッドの魅力と現代的意義

私がホワイトヘッドを研究する目的は、彼の研究の以下に述べるところにあり、そのことは、言い換えれば現代的意義といえることである。

第一に、この宇宙が熱力学の第二法則（エントロピーの法則）に究極的に支配された存在であるかもしれない、ということは否定できないものの（この側面だけの研究は半真理である）、しかしわれわれの外的世界にある星、森林、動物などを観察するとアンチ・エントロピー（ネゲントロピー）の法則に沿っていることもまた事実のようだ。そしてこの側面が究明されて、初めてこの宇宙の解釈の真理になると考えるからである。この観点からみれば、現代科学は、前者に立脚し、対象を死んだ存在として分析しているだけで生きた存在として研究していないのである。この点については、A・N・ホワイトヘッドの有機体の哲学はきわめて示唆的である。だがしかし、それはまだ示唆的な域を脱していないと思われる。

第二に、デカルトが二分割した延長実体と思惟実体との間に、ホワイトヘッドは生命およびその現象を導入して両者の統一を図ろうとしたことへの関心である。彼はつぎのように述べている。すなわち「本当に心と物という見地に立った……問題の立て方は不幸である。……我々は物理的自然という概念の欠陥は生命との融合によって埋められるべきであると要請する。また他方、生命という概念は物理的自然という概念を含有すべきであるということを要請する」[3]と。

第三に、現在の科学技術に対する疑念とそれによる自然破壊および環境汚染、さらには核戦争による人類生存の否定に連なる今日的狂気が、ホワイトヘッドによれば、人間の経験や認識の主―客構造から客―主構造への逆転によって克服可能という見通しを展開していることへの魅力があるからだ[4]。この逆転こそ人間中心主義の世界観からの転換を意味することである。

第四に、彼が生命およびその現象に焦点をあてたことによって、物理的自然に不必要であった、換言すれば機械論的世界観に不必要であった「目的」[5]の概念とその意味を本来の位置に引き戻した点である。この点は、今日の機械が複雑になってくるのに伴って起こってきた目的の必要性と表裏の関係にあり、この認識によって機械論的目的論と有機体論的目的論の総合としてのシステム論的目的論が成立するであろう。

第五に、アインシュタインの相対性理論とほぼ同時期に、ホワイトヘッドは独自の相対性理論を完成させていたことは驚くべきことである[6]。しかもこのことによって彼の哲学はニュートン力学の体系を脱した新たな世界認識に基づく哲学を方向付けていた点である。

第六に、人間ホワイトヘッドの生き方の点にある。バートランド・ラッセルは、「ホワイトヘッドは教師として類のないほど完全であった[7]」と独白している。またA・H・ジョンソンは、「……何かを感じさせるような魅力を持ち……、溌剌と暖みのある優しさを漂わせ……生きた思想と一体となって生きた人[8]」と述べている。その他の友人、弟子達は、彼を通じて「人間」を学んだと述懐しており、彼の人柄と哲学が一致していたのである。われわれは今日の混乱した社会にあって、ホワイトヘッドの生き方から尊敬して学ぶことが多いのである。

最後に、ホワイトヘッドの有機体の哲学は、機械論的世界観と有機体論的世界観を超越したシステム論的世界観[9]の基礎と方向付けをしていると見通せるからである。以上述べた私の研究目的から、ホワイトヘッドの哲学の魅力と現代的意義を明らかにした。それでは、彼の哲学の基本的概念である現実的実質について究明しよう。

二、現実的実質の概念内容と意味

ホワイトヘッドの有機体の哲学の基本概念は、現実的実質である。この概念は、自らが構築した相対性理論だけでなく、核物理学における素粒子論や量子力学の研究成果からもまた強く影響を受けたものである。それらに基づくならば、外界と無関係な自己完結した強固で究極的な実体としての原子は存在せず、原子はさらに陽子、中性子、電子、光子などの素粒子から構成され、それらはまたそれらでより下位の微粒子から構成されていることが分かり、ホワイトヘッドは、これらの状況から原子を一つの有機体と呼んだのである。彼に語らせよう。「今や科学は純粋に物理学的でもなく、純粋に生物学的でもない新たな様相を帯びつつある。それはもちろん有機体の研究に成りつつある。生物学は比較的大きい有機体の研究であり、他方物理学は比較的小さな有機体の研究である(10)」と。

また「自然を概観するさい我々は、ただその成分が永遠的客体《イターナルオブジェクト》の諸相に止まる基礎的有機体だけがあるのでない、ということを記憶しなければならない。もろもろの有機体より成る有機体というものもある。今仮りに話を簡単にするために、電子と水素核とがそのような基礎的有機体であると何の証拠もないが、一応仮定して見よう。その時原子や分子は高次の有機体であって、これもはっきりまとまった有機体的統一を表わすわけである。……次に生物になると、パターンは再び明確になり有機体的特性は再び顕著になる(11)」と述べている。このことは、結局のところ電子、陽子、中性子、光子などを一種の有機体と認識し、しかもそれらの「有機的統一」に注目しているのであり、その根底にあるのは、それらを有機体としてではなく、たんに無機物として個々バラバラに処理するそれまでの物理学への批判である。もちろん人間は生物有機体の一種であることは自明である。ホワイトヘッドが物理科学の発展によって究明された物理的世界のミクロの現象の複雑さに伴って、われわれを取りまくこの宇宙、自然を観察し、そこに有機体の観念を案出したことは卓見であったといえよう。(12) 一方彼は、有機体である人間の観察を通じ、人間と広く有機体との間の共通な概念内容の検討から、「現実的実質」という抽象的一般概念を抽出し、「現実的実質は世界を構成している究極的実在物である」(13) と定義したのである。それでは現実的実質とは、どのような概念内容になっているのであろうか。

1　現実的実質（Actual Entities）

現実的実質——現実的契機《アクチュアル・オケージョン》と同義であるが若干の違いがある(14)——は、この世界を構成している究極的な実在物であるから、それを定義することは、存在論的原理を示していることになり、したがって、彼によればこれ以上の存在を捜し求めてもないのである。そして諸現実的実質はそれぞれ違うと考えている。神（ホワイトヘッドの神の場合、たんに無限者としての現実的実質としたほうがよいと思われる——筆者）は、現実的実質であり、またはるか彼方の空虚な空間における取るに足らない一吹きの存在もそれである。しかもそれらには重要性の段階に違いがあり、機能的にいろいろな働きがあるが、しかしそれが現実の様態として現われている点から原理的には同一レベルにあるものと考えられている。究極的な事実は、すべて現実的実質である。それは経験の零に当り、複雑で相互依存的な存在である、と定義している。彼は、明白に以上のような定義に立脚した現実的実質を実体に代わるものと主張している。(15) F・B・ウオラック（F. Bradford Wallack）は、ホワイトヘッドが現実的実質として掲げた具体的事例として「一羽の鳥、一本の木、太陽、電子の生起、神経細胞、建物、地球、星雲、自我、心、人間的経験、神……」など六三個を抽出している。この事例からみて、それはこの宇宙に具体的に存在するすべてを包含しているとみてよい。そしてまた、ウオラック女史は、現実的実質のいろいろなキャパシティについて、ホワイトヘッドが用いた用語事例をあげて説明を加えている。たとえば現実的実質の意味を理解するためにあげたそのキャパシティとしては「実存物、完全な事実、今生、存在の統一、被造物、有機体、組織、過程、感取者、生成、経験の零、創発的価値、主体、客体、揚棄体、一、多……」などの五〇個である。かくして、現実的実質を要約的に述べるならば、それは、この宇宙の存在原理として、措定される根本原理で、それは環境と相互作用をし、相互に限定し合いながら生成、発展、創造、衰退（以下で論及する把握《プリヘンジョン》あるいは感じ《フィーリング》との関係から結論付けられる）する活動体としての主体あるいは自我と結論付けられる。この宇宙は、決して静的ではなく動的な現実的実質の集合体なのである。そのような現実的実質は環境との相互作用を持ち、相互に限定し合う主体であるという意味で、ホワイトヘッドは、その関係を理解するために「抱握」という概念を措定するのである。

2、抱握（Prehension）

この概念は、各現実的実質が外界と関連を持つ状態に用いられ、とくにその外界との関連を持つ性格に関し、主体が客体に対して意識的かつ一方的に作用をするのではないということを強調するために、それはベクトル的性格を持つという。このことは、現実的実質の各主体がそれぞれ情緒、目的、価値判断、因果作用を含有しているのでベクトルのような結果になるからである。[16] そのような性格になるのは、各主体が主体的形式をとる、つまりより完全な現実態になろうとして主体的目的を実現してある満足を獲得しようとするからである。その場合、満足を獲得するためには相互に主体が融け合って実現して行くという意味において、彼は抱握が含有し合っているという表現をとるのである。またこのような満足を実現していく過程を別の視角から表現すれば、現実的実質という各主体の創造過程といってもよい。各現実的実質は相互に限定し合って自己を造り、造られる自己創造的な被造物であるから、その性格を持った各主体は、環境世界によって限定され（過去の与件《データ》）ると同時に、満足を獲得するために追求する目的によっても限定され（未来の与件）る――ホワイトヘッドは「永遠的《イターナル》客体」の各主体への進入《イングレション》という表現をとる――のである。[17] こうして各主体は、自己創造を図って新たな主体に創造的に発展する。別言すれば、多たる主体が新たに創造された別な一たる統合的主体に転換していくのである。この一連の過程に、ホワイトヘッドは、「合生《コンクリーエンス》」という概念を用いている。

つぎに抱握は二つに分けられる。第一は概念的抱握であって、それは目的の領域に入る永遠的客体あるいは理念、形相など、抽象的対象を把握する時に用いられる現実的実質の心的極を構成するものと、第二は、物理的《フィジカル》抱握である現実的実質が他の客体化された現実的実質を把握する場合に用いられ、現実的実質の物理的極を構成するものである。さらに抱握は積極的《ポジティブ》抱握あるいは消極的《ネガティブ》抱握に分けられる。[18] 最後に抱握（概念的、物理的）は「感じ」と同じ意味にも用いられている。彼のいう抱握は、現実的実質としての各主体が相互連関を持ち、新たな主体に転換して行く一連の合生過程（この過程には呼応的局面、補完的局面、満足という三段階がある）に用いられる概念である。

3、結合体 (Nexus)

以上述べてきたような現実的実質が、抱握という一連の合生過程を通じて実現していった結果、全体として完成度のより高い現実的実質の集まりが時空に場を形成する。このようにして形成されたものが「結合体」[19] と定義されるのである。これは別言すれば、現実的実質の集合体としての「社会」である。たんなる結合体と社会の違いは、それらに何らかの秩序があるかないかによって区別され、ホワイトヘッドは、前者には、それがなく、後者にはそれがあるとして両者を峻別する。彼は、社会をつぎのように述べている。「あるタイプの社会的秩序を例示ないし分有する結合体である」と。そして彼は、さらに「宇宙がその価値を達成するのはそれが諸社会の諸社会へと、そして諸社会の諸社会の諸社会へと整序されるからである。こうして軍隊は諸連隊の社会であり、連隊は人間の社会であり、人間は人格的な人間経験という支配的社会と相まって、細胞と血と骨の社会であり、細胞は陽子のような小さな物理的実質の社会である等々。またこれらすべてに社会は、社会的な物理的活動性を持つ、回りの空間を前提にしている」[20]と。

以上論述してきたことが現実的実質の経験の総体であると同時にその意味の概説である。

註と引用文献

（1）A・N・ホワイトヘッド『思考の諸様態』藤川吉美・伊藤重行訳、松籟社、一九八〇年、一八三―一八五頁
（2）John Dewey, "The Philosophy of Whitehead," *The Philosophy of Alfred North Whitehead*, The library of living Philosophers, Vol. 3, edited by P. A. Schilpp, La Salle: Open Court, 1951, p. 660.
（3）A・N・ホワイトヘッド『思考の諸様態』藤川吉美・伊藤重行訳、松籟社、一九八〇年、一八五頁
（4）A・N・ホワイトヘッド『観念の冒険』山本誠作・菱木政晴訳、松籟社、一九八二年、二四〇―二四一頁
（5）A・N・ホワイトヘッド『思考の諸様態』藤川吉美・伊藤重行訳、松籟社、一九八〇年、一八七―一九〇頁
（6）伊藤重行「システム哲学と自然認識の基本原理」『知の考古学』第一一号、社会思想社、一九七七年、一六六―一六七頁
L・フォン・ベルタランフィ『一般システム理論』長野敬・太田邦昌訳、みすず書房、一九七四年、七二―七四頁
（7）A・N・ホワイトヘッド『相対性原理』藤川吉美訳、松籟社、一九八三年、全頁
（8）B・ラッセル『自伝的回想』中村秀吉訳、みすず書房、一九七〇年、一一三頁
（9）A. H. Johnson, "Reminiscences of Whitehead," 1981.［この論文は、彼の『ホワイトヘッドの機知と知恵』に所収して欲

しいとカナダ・ウエスタン・オンタリオ大学在職中に私信付きで私に送られてきたものである。」

(10) E・ラズロー『システム哲学入門』伊藤重行訳、紀伊國屋書店、一九八〇年、全頁
伊藤重行「OAとシステム哲学」『オフィス・オートメーション』第三号、一九八二年

(11) A・N・ホワイトヘッド『科学と近代世界』上田泰治・村上至孝訳、松籟社、一九八一年、一四三頁

(12) A・N・ホワイトヘッド『科学と近代世界』上田泰治・村上至孝訳、松籟社、一九八一年、一五二—一五三頁

(13) E・ラズローは有機体よりも生物的存在と再解釈して用いている。
Cf. Entities: Physical, Biological, Psychological, Ervin Laszlo, *Beyond Scepticism and Realism: A Constructive Exploration of Husserlian and Whiteheadian Methods of Inquiry*, The Hague, Martinus Nijhoff, 1966, pp.169-174.

(14) A・N・ホワイトヘッド『過程と実在』山本誠作訳、松籟社、一九八四年、二〇頁（同著、平林康之訳、みすず書房、一九八三年、二六頁）

(15) これら両概念の違いは、一般的認知を受けている説明として「時空的拡がりが議論に直接関連する時に現実的契機が使用される」というものである。ただし、神が現実的実質でありながら無限者である故に、有限な現実的契機と区別される（山本誠作『ホワイトヘッドの宗教哲学』行路社、一九七七年、一三頁）と断定できないと思われる。というのはホワイトヘッドのそれらの使用法に曖昧性を残しているからである。Cf. Wdward Pols, *Whitehead's Metaphysics*, Carbondale: Southern Illinois University Press, 1967, pp. 3-5.

(16) A・N・ホワイトヘッド『過程と実在』山本誠作訳、松籟社、一九八四年、二〇頁

(17) A・N・ホワイトヘッド『過程と実在』山本誠作訳、松籟社、一九八四年、二〇頁（同著、平林康之訳、みすず書房、一九八三年、一九—二〇頁）

(18) 山本誠作『ホワイトヘッドの宗教哲学』行路社、一九七七年、二八頁

(19) A. H. Johnson, "Whitehead Theory of Actual Entities," Philosophy of Science, XII, 1945, pp. 244-245.（A・H・ジョンソンと同じような説明の仕方は次の書にも見られる。市井三郎『ホワイトヘッドの哲学』第三文明社、一九八〇年、一四二—一四五頁）

(20) A・N・ホワイトヘッド『過程と実在』山本誠作訳、松籟社、一九八四年、二一頁。（同著、平林康之訳、みすず書房、一九八三年、二八頁）

参考文献

A・N・ホワイトヘッド『思考の諸様態』藤川吉美・伊藤重行訳、松籟社、一九八〇年
A・N・ホワイトヘッド『科学と近代世界』上田泰治・村上至孝訳、松籟社、一九八一年
A・N・ホワイトヘッド『過程と実在』山本誠作訳、松籟社、一九八四年
A・N・ホワイトヘッド『相対性原理』藤川吉美訳、松籟社、一九八三年
B・ラッセル『自伝的回想』中村秀吉訳、みすず書房、一九七〇年

第三章　A・N・ホワイトヘッドの政治理論

ホワイトヘッドの政治理論は、政治的決定に至るまでの政治過程を重視する考え方である。それは、ホワイトヘッドの「出来事」や「現実的実質」の論理展開から出てくる形式であり、より技術的、工学的に考察すれば、サイバネティックスの一連のフィードバック過程として捉えることもでき、今日の情報理論、システム理論として発展的に捉えることもできる。

一、A・N・ホワイトヘッドの哲学と政治学の始まり

これまでホワイトヘッドに関する入門書、宗教哲学や社会哲学、そして教育哲学、さらには文明論などに関する多くの論文や著書が出版されてきた。(1) しかし、彼の政治理論、政治哲学、さらには政治思想に結び付く本格的な研究は、日本ではこれが初めてである。拙者によってこのような試みができるのは、文明を決定付けていく一方の政治の発想がホワイトヘッドの哲学の現実的実質（Actual Entities）の概念のなかにあるとみているからである。この意味で現実的実質は、サイバネティックスに発展し、オートマトンともなり、また自己安定―自己組織的システムともなる。

この定義は、政治的多元主義、文明や文化の多元主義、宗教的多元主義、多様のなかの統一があるシステム主義へと方向付け、地球文明全体のデモクラシーの発展に貢献することになろう。もっと重要なことは、ホワイトヘッドが神と経験世界を関連付けるために現実的実質を措定することによって、神を信仰している人、信仰していない人、人間として生きるために神を必要とする人、それを必要としない人、仏を信じている人、経験世界を研究している人、ごく普通の人、経験世界に生きるさまざまな現実の地球上の人々などに、四つの選択肢を与え、どの入り口から入ってもお互いに握手をできるように政治的に秩序化したことである。このことは、地球的秩序の形成と地球的統合の根拠を与えたことになるであろう。それでは以下で、ホワイトヘッドの自然哲学期における重要な概念である「出来事」と「有機体」について考察してみよう。

二、A・N・ホワイトヘッドの自然哲学における出来事（Events）と有機体（Organism）

彼の出来事を現時点で考えてみれば、その概念によってサイバネティックス、コンピュータ科学、システム理論にとって基本的な「情報」概念を浮かび上がらせる役割を担っていたといえよう。情報と同じように、出来事は、「こと」的世界を表すのに全く適切な用語である。出来事は彼の自然哲学期に表れた概念であるが、それまでの強固な原子論が破綻し、量子論の台頭が背景にある。この変化によって学問のあらゆる分野で単純性よりも複雑性、連続性よりも非連続性、線型よりも非線型、部分性よりも全体性、分析よりも総合、非生命体よりも生命体、固定性よりも流動性、安定性よりも変動性、等々へと視点が移っていったのである。一語でいうならば、強固な原子論に支えられた機械論的思考から複雑に絡み合った生命ある有機体論的思考への転換といってもよい。ホワイトヘッドは、この転換を既にみとっていたのである。そこでホワイトヘッドは、出来事という概念を導入したのである。[2]

彼は、数学者でもあったから数学の点の概念のように、それ自体自己完結し、他の点との関係を持たないで時間と空間に絶対的位置を占めている存在を所与の前提とすることにどうしても賛成することができなかった。むしろその点は、ある事態から抽象化され延長した人間の意識（彼の用語では認知）によってもたらされたものと措定したのである。彼にとっては、そのある事態の方がより重要であったのである。その事態を表現する概念が出来事なのである。そして出来事の複合体が自然であるとし、彼は、そのことを「自然の究極的事実なるものは時空関係によって互いに関連した諸出来事である」と述べていることからも明らかである。

それでは自然を構成している出来事とは、どのような概念内容を持っているのだろうか。彼によれば、それは、まず関係性抜きで静的な実体を否定するものとして導入され、その動的側面に力点が置れている。彼は、自然そのものを出来事の複合体と措定し、われわれの知覚、感覚的、科学的対象化は、出来事の性質として眺め、出来事は、対象間の関係として眺めている。そしてこの関係（同質、異質を含めた）こそが基本的なるものとしている。その関係のなかでも同質的関係（異質的関係は異なったタイプの自然の要素を関係付ける）から自然が延長し、それを構成してい各出来事に部分と全体のあり方が生じてくる。この延長が空間的関係となって結果すると現実の事態となり、時間的関係となって結果すると生成を生じさせる推移あるいは創造的前進を生み出す元になる、と述べている。

以上のようなホワイトヘッドの提起した出来事は、われわれに何を語り示唆しているのであろうか。

まず第一に、自然とは、動的な出来事から構成され、現れ、創発しつつ推移し、決して可逆的な性質を持っていないということ。つまり自然は、反復もしなく再現もしない推移（過程）をとるものと考えている。

第二に、彼の出来事は、延長として現に今ある出来事の一つが他の出来事との関係を見い出し、新たな出来事を創発し、その創発した出来事の部分になる場合がある。このことを彼は「三十秒間の持続は、この一分間の持続の部分である」と言明している。動的な出来事から構成されている出来事は、相互に関係しあっていることを強調したかったのである。

第三に、出来事は、あの推移のなかで変化する部分と変化しない部分がある。変化する部分は、未来の具体的な現実性、つまり、「自然の創造的前進」の結果として現出する出来事を指し、それに組み込まれて残って行く部分としての出来事、これは変化しないのである。つまりある出来事を部分性の契機からみると変化しなく、全体性の契機からみると変化するものとみるのである。これは出来事の受動的条件と能動的条件をみようとしているのである。前者は出来事の同質的関係から生じ、後者は、それの異質的関係から生じると解釈ができる。

第四に、出来事は、創造的前進、推移の結果として多数の諸々の出来事を創発させることとなる。それらの出来事は、結果的に自然の複雑な豊かさを生み出すことになる。ある出来事は、別の出来事の部分となり、ある出来事は、また全体にもなる。このようにしてより上位の全体的出来事と、より下位の部分的出来事を創発させ、複雑性を高め、またそれと同時に複雑性のつぎに相互関係を持ちながら単純化を図るのである。生きた変化とは複雑性と単純性を繰り返し、創発しながら進化発展していくものなのである。

第五に、このように複雑性と単純性を繰り返しながら、創発し進化発展して行く過程をとる存在を彼は、有機体と呼んでいる。彼の時代にあってこの世界、宇宙などを生きた生命ある存在として表現する言葉が有機体であったのだ。それは死んだ世界や機械のように意志がなく動かされる存在からの脱却を早めるものとして選択された言葉である。この有機体は、スペンサーの社会有機体説やダーウィンの進化論に組みするのではなく、今日的意味での生きたシステムを指し、その思考は環境問題を解決できる共生の哲学と結び付く。(3)

以上のことから出来事は、彼の自然哲学期の重要な概念であったことが分かる。私の宇宙論は、この出来事およびそれの複合体としての自然を基礎にして十分に論理的、哲学的展開が可能とみるのであるが、ホワイトヘッドはそれで不十分であるとし、次に彼は、「現実的実質」(Actual Entities)の概念を案出するのであった。これを案出し、導入した晩年期をここでは彼の形而上学期と呼んでいる。彼は、私が自然に含意させている時空的本性や自然の世界内在性、世界外在性、世界創発性で十分と見ているのに対して、やはり神を必要としたのである。日本の世界的なホワイトヘッド研究者、田中裕によれば、その神は神の原始的本性だけではなく、神の結果的本性をも加えることによってアリストテレスの不動の動者を越えるものと説明している。(4)

けれどもこの神についての説明は、結局、自然の創造性、創発性、進化性、あるいは自己組織性で説明できるものと考えられ、またもし神を信仰し、その性質に文化的に習慣化されている場合でも(もちろんその信仰は自由であるが）、自然の神あるいは自然としての神で十分であろうと考えられる。とはいえ、私が、ここで彼ホワイトヘッドの現実的実質に注目するのは、その概念構成としての抱握（Prehension）と結合体＝社会＝ネクサス（Nexus）に関心があるからだ。

三、A・N・ホワイトヘッドの形而上学における現実的実質（Actual Entities）

ホワイトヘッドの哲学を研究してみて、特別に形而上学などといわなくてもよいのではないかと思うことがある（だからといって、彼の哲学が重大な問題提起をしていないということではない）。彼は、単にアリストテレスの論理学、自然学、形而上学を意識して、それらに合わせたような論述をしたに過ぎないのかもしれない。ホワイトヘッドの哲学は、有機体の哲学と呼ばれているが、先述したように有機体という用語の使い方はよほど注意をした方がよいだろう。私はそれを避けるためにシステムの哲学として、ホワイトヘッドの使用している意味での形而上学はシステムのなかに内包させている。したがって、システムの普遍性もしくはシステムの存在の普遍性を追求するのではなく、単に一般性のみでよいと考えている。ホワイトヘッドは、有機体の存在の普遍性、あるいは神の存在の普遍性、あるいは本性を求めたのであり、それを求めなければ心の安定を得られなかったのかもしれない。そこで彼は、出来事に代えた最終的実在として現実的実質という根本概念を導入したのであった。

彼によれば、現実的実質はこの経験世界と神（特殊ホワイトヘッド的使用の意味を付された神。つまり、それは経験世界を超越しているのではなく、それとも関係しているものとしての神、すなわち実体としての神ではなく、過程としての神である。あるいは単に無限者としてもよいだろう。）の両方を説明するための究極的概念であると述べている。彼に従って、現実的実質を要約的に記述すれば次のようになる。現実的実質（現実的実質が存在それ自体に向けられた場面でなく、時空的に生起してくる場面に向けられた場合には、現実的契機—Actual Occasion—と使われる）は、この世界を構成している究極的な実在物であり、それを定義することによって、存在論的原理を示そうとしたのである。したがって、彼によればこれ以上の存在を捜し求めてもないとしている。また現実的実質はいろいろな現れ方をしているのでそれぞれが違うものと考えている。神も現実的実質であり、はるか彼方の空虚な空間における取るに足らない一吹きの存在もそれであるとする。しかもそれらには重要性の段階に違いがあり、機能的にいろいろな働きがあるが、しかしそれが現実の様態として現われている点から原理的には同一レベルにあるものと考えられている。究極的な事実はすべて現実的実質である。それは経験の零に当たり、複雑で相互依存的な存在であると定義している。(5)

かくして、ホワイトヘッドのいう現実的実質とは、この宇宙の存在原理として措定された究極的な根本原理を表す概念で、それは環境としての他の現実的実質と相互作用をし、相互に限定し合いながら生成、発展、創造、衰退する活動体なのである。そのような現実的実質が環境としての他の現実的実質と相互作用を持ち、相互に限定し合う主体であるという、それらの関係を理解するために抱握（Prehension）という概念をホワイトヘッドは導入してくるのである。(6)

抱握は、ライプニッツの表象や意識的表象の知覚論よりももっと一般化したやり方で、この宇宙に存在している存在者、すなわち現実的実質それ自体が外界とどのような関係を持っているかを明らかにしようとして案出された概念である。その概念は、抱握する主体、抱握される与件、主体がどのようにして与件を抱握するのかという主体的形式の三要素から構成されている。大事なことは、未だ意識などのない石ころや植物、さらに動物から人間まで含めた全存在、過去の全存在、未来の全存在を含めての現実的実質の存在形式を抱握という概念を使って全ての関係性を明らかにしようとしたことである。このことは、ホワイトヘッドが有機体の哲学を構想した当初から、また彼の量子力学の研究結果から全ての存在の繋がり、すなわち関係性に重きをおいた哲学や形而上学を考えていたことが明らかである。個々バラバラの存在は架空であり、理論的にも考えられなく、絶対者などの存在すら疑っていたのである。つぎに現実的実質は、抱握する主体として世界に散在している与件をどのように抱握するかといえば、物理的抱握と概念的抱握の形式をとる。現実的実質が物理的抱握をするという場合、他の客体化した現実的実質を与件として感じ合う関係性を意味し、科学的用語ではエネルギーや物質の相互依存関係にある状態と考えても間違いはない。石を構成している物質の安定状態は、エネルギーや物質の相互依存関係にある状態と考えても間違いはないのと同じである。また現実的実質が概念的抱握をするという場合、他の客体化した現実的実質を与件として感じ合う関係性を意味し、科学的用語では情報の相互依存関係にある状態と考えても問題はない。人が客体化した存在を認識したり、人同士が認識する場合に何らかの概念創造、すなわち情報の相互依存関係から対象を客体化して、相互に関係性を保持しているのである。ホワイトヘッドは、また物理的抱握と概念的抱握をフィーリング（feeling ＝感受）し合う現実的実質が積極的抱握と消極的抱握をしており、前者の場合、現実的実質のなかに与件として取り入れ、新たな現実的実質を生起させるのに対して、後者の場合、その生起から与件として取り入れなく排除していく抱握として論じている。ホワイトヘッドのいう抱握は、現実的実質としての各主体が相互連関を持ち、新たな主体に転換していく一連の合生過程（この過程には呼応的局面、補完的局面、満足という三段階がある）に用いられる概念である。(7)

彼は、つぎに結合体（Nexus）について提起する。[8] それは、現実的実質が抱握という一連の合生過程を通じて実現していった結果、全体として完成度のより高い現実的実質の集まりのことで結合体という。これは別言すれば、現実的実質の集合体としての社会である。この社会には秩序があり、単なる結合体にはそれがないとして区別している。彼はつぎのように述べている。「……宇宙がその価値を達成するのはそれが諸社会の諸社会へと、そして諸社会の諸社会の諸社会へと整序されるからである。こうして軍隊は諸連隊の社会であり、……人間は人格的な人間経験という支配的社会と相まって、細胞と血と骨の社会であり、細胞は陽子のような小さな物理的実質の社会である等々。またこれらすべてに社会は、社会的な物理的活動性を持つ回りの空間を前提にしている」[9] と。以上論述してきた三つの概念がホワイトヘッドの形而上学にとって、現実的な直接経験の究極的事実であり、その他の事柄はわれわれの経験にとって一切が派生的なものとして扱っているのである。[10] ホワイトヘッドの概念構成は、政治的保守と革新ではなく、進化と革命を進展するデモクラシー論となる。

四、A・N・ホワイトヘッドの哲学における政治理論と政治思想

ホワイトヘッドの哲学を批判するなかに、彼の善悪に対する価値判断が明確でない、曖昧であると、あるいは楽観的過ぎるとするものがある。[11] しかしこれらの批判は善悪を神の超越性、絶対性、全知全能性などに依拠していることを暴露した見解である。神をそのように位置付けることができるのは、単なる信念だけであって、何ら根拠がない考えである。ホワイトヘッドの哲学では、善悪のみならず真偽もまた神によって必然的にして一義的に決定されているとする神の絶対性に寄り掛かってもいなく、またそれらが神以外の存在によって無秩序なその場その場の状況から偶

然に決定されるものともしていない。この意味で実体論、唯我論、独我論、絶対論、唯物論などの系譜を排し、関係論、相対論、相補論であり、また徹底した実在論の系譜にある。(12)

政治が有限のいくつかの政治的資源のなかからある利害の絡む政治的資源を選択し、決定し、それを配分する政治権力行為に係ることであるとすれば、政治とはまさしく政治権力による選択であると定義できる。この意味から彼の哲学の政治理論は、主体者としての現実的実質がどのようにして結合体、すなわち社会のなかで他者を抱握し、新しい価値を創造していくかという一連の合生過程における価値の選択に係るところに形成されるとみなされる。彼の政治理論は、最終的に政治的多元主義理論に行き着き、情報化社会におけるデモクラシーの発展に最も寄与する政治理論、すなわち合意形成説得型政治理論になると結論できる。何故そのような結論になるかについて、もう少し彼の基本概念である神をも内包している現実的実質(以下、単数表現であっても常にホワイトヘッドは複数表現の現実的諸実質を意味している)の展開から考察してみよう。

ホワイトヘッドによれば、先述したように現実的実質こそがこの宇宙、この世界、未知なる宇宙、未知なる世界、ありとあらゆる存在の最終的、究極的実在であると述べている。それは複数表現であるから諸々の現実的実質が存在し、また神も諸々の神があることを意味している。ここにもう既に彼の哲学の多元主義的発想を垣間みることができ、私のシステム哲学のシステムの多元的一元論あるいは一元的多元論と同義とみてよいであろう。(13)彼の究極的なものの範疇の規定のなかに、そのことをはっきり読みとることができる。彼はその範疇のなかで創造性、多、一を究極的観念と措定し、それらがある現実的実質の主体的変化の中から新しいものを作り出す一連の過程に見出され、結果的にさまざまな現実的実質が生成される、つまり多様性の富んだ世界が入り交じった（彼の用語での共在性）形に構成されるとしている。[14] これがこの世界と自然の多様性、そして進化現象の結果的根拠であり、納得できるものである。つぎに、彼の八つの存在の範疇の規定のなかに、いまさらいうまでもないことだが、重要なものとして現実的実質、抱握、結合体、主体的形式、永遠的客体がある。さらに二十七の説明の範疇と九つの範疇的拘束性を詳しく解明している。[15] 以下で、現実的実質を使用して前記のそれぞれの範疇の重要概念を政治との関連で理解しやすいように解説してみよう。

ここで現実的実質の政治である。再確認であるが政治を実体的に捉えるか、関係的に捉えるかである。[16] 前者に立てば、神の実体的認識と同様、超越者としての神を認め、神の支配が権力者の支配を正当化することになる。このような政治認識は社会一般で神を必要とする場面があっても、もう時代遅れである。後者に立てば、ホワイトヘッドと同様となり、先述したような政治の定義になる。もう一度繰り返してみよう。政治とは有限のいくつかの政治的資源のなかからある利害の絡む政治的資源を選択し、決定し、それを配分する政治権力行為に係ることであるとすれば、それはまさしく政治権力による選択であると定義できる、と先述した。それでは現実的実質はどのように政治をするのであろうか。

ある現実的実質の政治は他の現実的実質の政治と関係し合って（ホワイトヘッドの主体的形式で、相互に抱握し合い限定し合うことを指す）何か新しいものを合生する。その場合のある現実的実質の政治とは、政治家、政党、政府、国家などが主体的になし、それらが自然としての現実的実質や結合体である社会としての現実的実質を環境世界に持ちながら遂行される（ホワイトヘッドの合生過程）。この場合の政治家は、複数の現実的実質としての人間がある選択、決定、配分に係るものとすれば、広く人々が政治を担っている意味での政治家である。そのような多くの政治家を社会の特殊機能者として代表させた場合には議員としての政治家となる。現代社会にあっては、このような政治家が現実的実質となり、ある目的実現のために政党を作り、ある目的実現のために政党が政策を提示し、国家の最高機関の国会で議決し、政府がその政策を実行するということになる。

今日、議員としての政治家は、政党を作り、それに所属しているが、ホワイトヘッドのいう現実的実質としての政治家は、何かを創造していく一連の合生過程で何かを感じる積極的抱握の搬送者であるから感じる主体でもあり、そういう政治家はまた他の政治家からみれば、感じられうる最初の与件であり、お互いの間に何らかの合意が形成されうるならば、次の合生過程に主体的に前進するだろうが、お互いの間で否定が起これば、消極的抱握に終わり除去されるであろう。この場合、ホワイトヘッドの別の表現をとれば、限定し合っている直接経験といってもよい。もしある政治家が他の感じられうる最初の与件として感じられた政治家との間に、主体的形式の情動、目的、好み、忌避、意識の中の好みの満足が得られた場合には、他の政治家にとっての客体的与件となる。どのようにこの二者の政治家が感じ合うかによって積極的抱握に前進するか、消極的抱握に終わってしまうかが決定してくるのである。このような主体をホワイトヘッドは、自己超越体と使い、常に何か新しいものを作り出すものと意味付けている。(17)

現実的実質でもあり、また自己超越体でもある政治家は、ホワイトヘッドのいう物理極（もの的世界）と心極（こと的世界）を持っている。(18) この政治家の物理極は自らの肉体を含めて因果的に抱握（因果的能動性）し合って自然環境や宇宙と関係性を持っている（システム哲学のシステム相互のエネルギー連結と同義と表現してもよいだろう）。その政治家の心的極は自らの心、精神を含めて概念的に抱握（提示的直接性と象徴的言及―Symbolic Reference）し合って、結合体としての社会内あるいは国家のなかに新しい創造物を作り出していく（この過程は、システム哲学のシステムの情報連結と同義であろう）。その政治家の概念的に抱握していく具体的、現実的象徴は、可能態としての政策であるが、その政策が何か新しく紛糾を押え込み、お互いの政治家あるいは政党を限定していくためには、その政治家の直接経験ではない、永遠に客体化していく何か、日常的変化から超然とした何か、それは真、善、美のいずれかに係った何かであり、その可能態としての政策の未来を決めていくことに係る何か、その何かをホワイトヘッドは永遠的客体としている。可能態としての政策の未来を限定し、決定付けていっているときに、ホワイトヘッドは永遠的客体がその可能態としての政策に進入してきて限定し、決定付けていると表現するのである。今日の政府が政策として実行している公共事業の政策がこのような視点で決定されているか大いに疑問である。

政治家の可能態としての政策には、政治家同士の概念的抱握が主体的形式のなかで展開されていくことが理解された。その政策は政治家の物理的抱握の延長に係る原初的自然の肉体を破壊するものであってはならないし、またその政治家の物理的抱握でもあり、概念的抱握でもある政策の（合生過程を経た）実現と成立がその政治家の努力の結果として成立したのであり、それは価値的に優れ、原初的自然によって区分けされていたからである。そこには永遠なるものが進入してきたであろう。さらにその政治家はその政策実現によって新たな進化した社会あるいは国家を作りだし、過去の自分とは違った自己をそこで実現したことになる。彼は自己を超越していく現実的実質である、とホワイトヘッドはいうであろう。ここでは神について多くは言及しないが、普遍的な神が一般的な政策としての現実世界に

影響し、また逆に後者が前者に影響を与えるとホワイトヘッドは述べている。(19)

前述したその政策をその政治家が実現して行く一連の過程は、その政治家の決定と選択の過程とみることができる。どのように政策を決定し、またどのようにそれを選択していくかはその政治家の存在原理としての現実的実質、その政治家の抱握の仕方、またその政治家がどのような社会や国家に既存しているか、などによって限定され、またそれらが限定されていくのである、多様のなかに一様を、多元のなかに一元を創造していく合生過程のなかにある決定と選択にホワイトヘッドの政治理論を見い出すのである。

註と引用文献

(1) ここではホワイトヘッド紹介を日本語で読める著作を記しておこう。
山本誠作『ホワイトヘッドの宗教哲学』行路社、一九七七年
市井三郎『ホワイトヘッドの哲学』第三文明社、一九八〇年
ヴィクター・ロー『ホワイトヘッドへの招待』大出晁・田中見太郎訳、松籟社、一九八二年
Ch・ハーツホーン『ホワイトヘッドの哲学』松延慶二・大塚稔訳、行路社、一九八九年
ポール・クンツ『ホワイトヘッド』一ノ瀬正樹訳、紀伊國屋書店、一九九一年
田中裕『ホワイトヘッド――有機体の哲学』講談社、一九九八年

(2) ホワイトヘッド『科学と近代世界』上田泰治・村上至孝訳、松籟社、一九八一年、九四―九九頁、一四二―一四五頁、一六三―一七五頁

(3) ホワイトヘッド『思考の諸様態』藤川吉美・伊藤重行訳、松籟社、一九八一年、一八三―二〇六頁

(4) 田中裕『ホワイトヘッド――有機体の哲学』講談社、一九九八年、一四四―一四五頁

(5) 田中裕『ホワイトヘッド――有機体の哲学』講談社、一九九八年、一二三―一二五頁

ホワイトヘッド『過程と実在（上）』山本誠作訳、松籟社、一九八五年、三〇頁
(6) D・W・シャーバーン『過程と実在への鍵』松延慶二・平田一郎訳、晃洋書房、一九九四年、一三一―一八頁
ホワイトヘッド『過程と実在（下）』山本誠作訳、松籟社、一九八五年、三九九―五〇六頁
ホワイトヘッド『過程と実在（上）』山本誠作訳、松籟社、一九八五年、三六―三九頁
(7) 山本誠作『ホワイトヘッドの宗教哲学』行路社、一九七七年、四六―四七頁
(8) ホワイトヘッド『過程と実在（上）』山本誠作訳、松籟社、一九八五年、三六頁
(9) ホワイトヘッド『観念の冒険』山本誠作・菱木政晴訳、松籟社、一九八五年、一八四頁
(10) ホワイトヘッド『過程と実在（上）』山本誠作訳、松籟社、一九八五年、三二頁
(11) 山本誠作『ホワイトヘッドの宗教哲学』行路社、一九七七年、七五頁
Rice, D. H., *Alfred North Whitehead's Political Theory and Metaphysics,*（Ph.D. Dissertation）, 1984, Perdue Univ. p. 215.
Johnson, A. H., *Whitehead's Philosophy of Civilization,* Boston: Dover, 1962.
(12) 山本誠作『ホワイトヘッドの宗教哲学』行路社、一九七七年、全頁
(13) 伊藤重行『日本からの新しい文明の波』勁草書房、一九九五年、三五―三八頁
(14) ホワイトヘッド『過程と実在（上）』山本誠作訳、松籟社、一九八五年、三四―三五頁
(15) ホワイトヘッド『過程と実在（上）』山本誠作訳、松籟社、一九八五年、三六―四六頁
(16) 安世舟『現代政治学の解明』三嶺書房、一九九九年、一―二章
浦野起央・本田弘編『現代政治の基本知識』北樹出版、一九八五年、八―九頁
(17) ホワイトヘッド『過程と実在（上）』山本誠作訳、松籟社、一九八五年、七五頁
(18) 伊藤重行『システム哲学序説』勁草書房、一九八八年、一七四頁
(19) 山本誠作『ホワイトヘッドの宗教哲学』行路社、一九七七年、一三〇―一四四頁

参考文献

山本誠作『ホワイトヘッドの宗教哲学』行路社、一九七七年

市井三郎『ホワイトヘッドの哲学』第三文明社、一九八〇年
ヴィクター・ロー『ホワイトヘッドへの招待』大出晁・田中見太郎訳、松籟社、一九八二年
Ch・ハーツホーン『ホワイトヘッドの哲学』松延慶二・大塚稔訳、行路社、一九八九年
ポール・クンツ『ホワイトヘッド』一ノ瀬正樹訳、紀伊國屋書店、一九九一年
ホワイトヘッド『観念の冒険』山本誠作・菱木政晴訳、松籟社、一九八五年
田中裕『ホワイトヘッド——有機体の哲学』講談社、一九九八年
Laszlo, Ervin, *La Metaphysique De Whitehead*, The Hague: Martinus Nijhoff, 1970.
Laszlo, Ervin, *Beyond Scepticism and Realism: A Constructive Exploration of Husserlian and Whiteheadian Methods of Inquiry*, The Hague: Martinus Nijhoff,1966.

第四章　A・N・ホワイトヘッドのサイバネティックスの政治理論とデモクラシー

ホワイトヘッドの哲学には、サイバネティックスといった概念はどこにもみられない。しかし、サイバネティックスの発想が原型として形成されてきていると考えられる。それは、情報やエネルギーを通信しない死んだ機械ではなく、それらを通信する生きた有機体として捉えたところが起点である。彼は神も人間も両方とも現実的実質と定義している。その現実的実質は、主体と客体を越えていく自己超越体であり、主体的形式をとって合生過程のなかから新しい創造を作り出していく存在である。神も人間も両方とも現実的実質としたのは、それらを実体としてではなく、関係として捉えようとしたためである。関係的存在として捉えられた現実的実質は、合生過程のなかで内的に決定され、外的に自由であると述べている。(1) このことは、現実的実質が主体形式に沿って内的には秩序が形成され構造化し、外的環境に対して自由に働きかける主体であることを示している。すなわち、現実的実質は窓のあるモナド、あるいは開放システムなのである。そのような現実的実質は、さまざまの形式を取る抱握や感受形式を取る。このことから現実的実質は、外界に働きかける主体であり、主体として外界に働きかけるためには何らかの結合体を結果的に排出しなければならない。それは価値を含む出力と表現できる。その出力を別の現実的実質が何らかの抱握や感受をしようとすれば、その現実的実質にとっての入力となる。このような相互交換関係は現実的実質の合生過程、すなわちサイバネティックスのフィードバック過程と同義である。

以上のように、素描しただけでホワイトヘッドの哲学の現実的実質は、ノーバート・ウィーナーのサイバネティックスの入力・出力フィードバック過程モデルと構造的類似性を持っていると言明できる。(2)またウオルター・バックレイの適応・過程システムと同型であるともいえよう。(3)このホワイトヘッドの現実的実質が彼の究極的思考としての思弁によって案出されたものであるというところにホワイトヘッドの独創性と現代科学、現代の情報科学の発展に寄与したのであり、彼の論理数学の今日的有効性を立証していると考えられる。

一、A・N・ホワイトヘッドの合意形成説得型政治理論としてのデモクラシー論

先述したように、現実的実質としての神と人間あるいは経験世界は相互交通的に関係し合っているというのがホワイトヘッドの立場である。この意味で神は人間を含めた世界を必要とし、後者はまた前者を必要としている。神は経験世界としての人間社会に価値規範あるいは規範的諸価値を出力として付与し、人間社会で一人ひとりの人間は、それらの出力として付与された価値規範あるいは規範的諸価値を入力して現実的価値としての生活を実現している。その生活のあり方をまた出力して神が入力する。この一連の過程は、詳しくは神の原初的本性、結果的本性、自己超越的本性に係ることである。(4)

神は善としての価値を永遠なる客体として人間に出力されるであろうが、人間はその善を入力する現実生活の概念的抱握の意味付けで神の善を誤って解釈し悪を実行するかもしれない。この意味で神と人間は相補関係、善と悪は相補関係にあり、断定や一方的な決定ができないのである。何が神のものであり、何が人間のものであるか、また何が

善で何が悪なのか、相互に比較し相互に納得すること、すなわち相互に説得し合う方法しか残っていないのである。ホワイトヘッドは、『観念の冒険』の「力から説得へ」の箇所で「世界の創造は力に対する説得の勝利である。」(5)と述べている。この説得は、サイバネティックスの入力・出力フィードバック過程モデルから出てくる発想で、ある人間の悪事を他の人間が非難し、その人間を抹殺して解決するか、その悪事を働く人間を説得して解決するか。ホワイトヘッドは、説得が文明の発達に伴って高まり、暴力など力にたよるあり方が低下してきていると述べている。彼の説得のあり方は、今日の社会の情報公開に依拠した問題解決のあり方にそのまま応用可能な考え方である。

人間の社会秩序は、神から付与された価値規範が人間のその規範の実現に向かう合生過程から法律となり、それによって社会秩序が維持される。このことをサイバネティックスの入力・出力フィードバック過程モデルで理解しやすいように例示すれば、つぎのようになる。ある部屋の温度を摂氏二〇度に保持しようとして、その二〇度から絶対ずれないようにクーラーをセットしたとしよう。この二〇度は価値規範と同じである。部屋の温度が二〇度以上であれば、二〇度に下がるまでクーラーのモーターが稼働し、長時間その二〇度まで下げるのに時間を要するならば、モーターが加熱して燃えてしまい、初期の目的を実現できなくなるであろう。また仮に二〇度まで下がったとしても、一八度や一九度を好む人々は満足を得れないであろう。これは力による排除である。一八度や一九度を好む人々にまで満足を与えるようにサーモスタットを付けなければならない。そのサーモスタットの設置によって、二〇度を基準として一八度から二三度ぐらいの範囲を揺れ動く結果になる。これは自由の度合いを表すことになる。こうしてそのサーモスタットが刻一刻として随時その部屋の温度をモニターしていることがそこの部屋にいる人々の現実的欲求を満たしていることになる。そのサーモスタットは随時その部屋の現実の温度、すなわち人々にとっての現実的価値を実現し、満たしているのである。この現実的価値は二〇度という規範的価値があって初めて実現できるのである。その二〇度それ自体は永遠的客体で規範的価値とし、一人ひとりが好む温度は、その温度を獲得した時に満たされた価値としての現実的価値である。一人ひとりの現実的価値から規範的価値の二〇度をみれば、永遠的客体なのである。一人ひとりが好む温度は、その温度を獲得した時に満たされた価値であり、その満たされる価値の中に二〇度という永遠的客体としての規範的価値が進入してきているとすれば、ホワイトヘッドの合生過程が成立する。以上のことから規範的価値と現実的価値は対照的、相補的であり、一八度や一九度を好む人々から二三度ぐらいの温度を好む人まで説得して満足を与えたことになる。

ホワイトヘッドの哲学から出てくる政治理論は、サイバネティックスの入・出力フィードバック過程モデルとなり、説得を中心とした政治思想が基本となることが理解されるであろう。(6)

前記の事例からもある部屋の温度を摂氏二〇度に保持しようとして、その二〇度から絶対ずれないようにクーラーをセットしたとすれば、一八度や一九度を好む人々が排除され、力による排除と同じである。もしサーモスタットを付け、一八度や一九度を好む人々の満足を実現してやると、それらの人々を排除するのではなく、合意を引き出し説得したことになる。このことから前者と後者を比較して、どちらのあり方が自由度が高いかをみると、後者となる。この後者の自由度の高さがそのままデモクラシーの度合いに直結しているのである。デモクラシーの度合いが高くなればなる程、説得的になるのである。説得的デモクラシーの質を高めるには、ますます正確で公明な情報を自由に取り入れる環境を作る必要があるといえよう。そうすれば多様性と多様な価値の共存と合意形成の政治過程が成立することになる。ホワイトヘッドの哲学は、多様性、多元性を認め、説得を中心とした合意形成説得型政治理論となり、デモクラシーの発展に寄与するものと結論付けられる。かくして、二〇世紀のデカルトといわれるホワイトヘッドの哲学が、国境を越え始めた国際関係のなかでいかに有効性があり、その根本的政治思想と政治理論が時代を先取りしていたということが、これまでの解明で理解できたであろう。

二、A・N・ホワイトヘッドの政治理論と神の政治的解釈

ホワイトヘッドの哲学を研究してきている私にとって、彼の哲学から政治理論を構築できるとして試みたことは日本での新しい展開である。長年の彼の哲学の研究から彼の形而上学にある神は、自然と定義しても問題がないと断定するにはやはり勇気のいることだ。私はどれほど考えても神を実在として認めるだけの勇気を持っていない。所詮、それは人間の作った概念であるとしかいえないからだ。それにもかかわらず、ホワイトヘッドが神と経験世界を関連付けるために現実的実質を措定したことの意義は大である。何故ならば、彼はそれを措定することによって、神を信仰している人、信仰していない人、人間として生きるために神を必要とする人、それを必要としない人、仏を信じている人、経験世界を研究している人、ごく普通の人、経験世界に生きるさまざまな現実の地球上の人々などに、以下のような四つの選択肢を与え、共在と共生のあり方を方向付けたからだ。

第一に、神の実体性や神の信仰に慣れ親しみ、文化として習慣化されている人々を排除することなく、それらの人々を受容していること。

第二に、神の実体性や神の信仰に無関心かそれらを認知していない人々を排除することなく、それらの人々を受容していること。

第三に、神の実体性や神の信仰に慣れ親しみ、文化として習慣化されている人々が神を玄関口として入り、次に同じ神理解を経験世界にまで同じ思考様態で応用・解釈できるようにしたこと。

第四に、神の実体性や神の信仰に無関心かそれらを認知していない人々が経験世界の現実を理解し、解釈するあり方の思考形態をそのまま神解釈にまで応用できるようにしたこと。

以上のことが、私の判断するホワイトヘッドの哲学の功績である。これほど広範囲の人々に受け入れられるだけの哲学は多くはない。ホワイトヘッドの哲学は、神あるいは神々が全宗教の合生過程に参加して、新しい文明の創造を期待しているのかもしれない。新しい文明の創造は、神あるいは神々の決定、選択、そして成果の配分に係ることから新しい政治理論、すなわちサイバネティックスの政治理論、システム哲学の自己安定的・自己組織的政治理論の成立を示唆していたのである。ホワイトヘッドの後に続く、カール・ドイッチュやデーヴィット・イーストンは、ノーバート・ウィーナーのサイバネティックスやフォン・ベルタランフィの一般システム理論を学び、それらを政治理論に応用しただけであるといえるかもしれない。

三、A・N・ホワイトヘッドの政治的態度

ホワイトヘッドは、彼の新たな形而上学から合意形成に重きを置き、説得型政治理論を形成し、その結果究極的なデモクラシー論を展開している。したがって権力よりも権威の形成に重点を置く。それ故にバートランド・ラッセルのような先鋭的、攻撃的な政治的態度を取らない。攻撃的態度は紛争を拡大し、究極的には戦争の道に繋がるとみてるからだ。嵐のような戦争よりも、変化のなかの穏やかな平和に美的価値が在るとみていたからだ。

ホワイトヘッドは、一九四五年八月六日の米国による広島への原子爆弾の投下、八月九日の長崎への原子爆弾の投下を知っていた。最初の広島への原子爆弾が投下された八月六日の夕方は、『ホワイトヘッドの対話』の編者プライス氏、そしてハーバード大学哲学教授のヘンリー・モーリス・シェファー氏、そしてホワイトヘッド氏の妻と一緒であったことが分かる。(7) プライス氏は、ホワイトヘッドが原子爆弾投下の結果起こりうる社会的影響についてどのように語るのかと期待していた。しかしホワイトヘッドは、その問題について儀礼的に触れるだけですぐに話題を変えてしまった。というのも、彼はその悲惨さについて十分知っていた少数者の一人であったと記されている。

ホワイトヘッドは、美を非常に重視する哲学者であった。彼は、広島への原子爆弾の投下の結末を善と悪の観点から考察したのではなく、美しさの視点からみたのである。彼はアインシュタインの相対性理論と同様の、別のホワイトヘッドの相対性理論を構築するほどの知的水準にあったので、直ぐに原子爆弾の投下後に、広島で繰り広げられている黒い雨と不条理に殺された人々の霊のさまよいを予感したのであった。彼は人々に直接、強い言葉で語りかける

のではなく、人々に気付かせるように物事を進行させるやり方をとっていた。彼の主催した「ホワイトヘッドの夕べ」は、穏やかで、暖かさと親切さに満ち溢れていたと表現されている。

一九四五年にホワイトヘッドは、アメリカにいて、八四歳であったが、大英帝国が世界を侵略し、日露戦争で日本が勝利した直後の一九〇六年にイギリスにいた彼は四五歳であった。彼はその大英帝国主義の時代に、四五歳の彼がイギリスの女性参政権に対してどのような考えを持っていたかは興味あることだ。以下に記録として残っている「自由と女性公民権付与」として日本語版『観念の冒険』(8)に収録されている資料から判断してみよう。彼は「現在のイングランドの女性の場合において、同じ階級に属している男性と同じように女性を例外として扱う根拠がどこにもない」と言明し、「女性は今や莫大な政治的影響力を持っているので政治組織の中で明確に決まった位置が与えられるべきである。」そして「自由の名において、女性参政権が与えられるべきと考える。」と述べている。このことから彼の女性参政権への賛同は、リップ・サービスでなかったことが分かる。彼は男女平等論を主張するほどの民主主義者であったのだ。

彼は、共産主義に対しては、それ程強い拒否反応をみせていない。ロシアの歴史のなかではましな方であるとしている。ただし共産主義の有効性には、イギリスの産業革命に付随した悪のようなものの兆候があるとし、その先行きを心配している。(9)彼が一九四七年以降も生きていたならば、その後の非人間的な残忍性を断罪したであろう。共産主義には、悪の表情をみせているとしているところに彼の思想傾向がみえる。それは、説得よりも力による政治を基調としているとみたからであろう。彼は「生気への訴え」(“An Appeal to Sanity”)として一九三九年に書いた論文の脚注に、七年後「今、国連機関が提示している道徳の枠内で同情的妥協に基づいた世界統一がなされなければ、文明の未来に何の希望もない」と付け加えたと記されている。その一文を脚注に追加した時は、第二次世界大戦が終り、死の直前の一九四六年であった。彼は、国際連合のような国際組織に何らかの権威を正当なものとして付与できなければ、人類の未来に期待が持てないと感じていたのであり、新しい世界秩序の形成に希望を託していたのであった。彼の期待通り、今日、国際連合への加盟が一九四ヵ国に達している事実を彼の霊前に報告してもよいだろう。国際連合は、一九四ヵ国の国家を加盟させ、そしてそれらの国を限定し始めており、各国家はまた国際連合を限定し、新しい世界秩序の形成に寄与し始めている。人類の未来の方向を示しているようだ。その方向は、暴力や物理的強制ではなく、説得や合意形成によって倍加されるであろう。最後にホワイトヘッドの家族と交流する場所として設定されていた「ホワイトヘッドの夕べ」やその後に何らかの関係や研究対象にしてきた人々[10]を記しておこう。

註と引用文献

（1）ホワイトヘッド『過程と実在（上）』山本誠作訳、松籟社、一九八五年、七八頁
（2）N・ウィーナー『サイバネティックス』池原止戈夫他訳、岩波書店、一九六八年、一三四頁
（3）W・バックレイ『一般社会システム論』新睦人・中野秀一郎訳、誠信書房、一九八〇年、二六八頁
（4）田中裕『ホワイトヘッド――有機体の哲学』講談社、一九九八年、一四四―一五二頁
（5）ホワイトヘッド『観念の冒険』山本誠作・菱木政晴訳、松籟社、一九八五年、一一二―一一三頁
（6）Itow, Shigeyuki and N. Yamakawa, "Self-Organizing Leadership in Japanese Management: A View from a Soft-Cybernetics Methods," *Cybernetica*, Vol. 36, No. 2, 1993, Belgium: Association Internationale de Cybernetique, pp. 90-91.
（7）ルシアン・プライス編『ホワイトヘッドの対話』岡田雅勝・藤本隆志訳、みすず書房、一九八〇年、四八二頁
（8）ホワイトヘッド『観念の冒険』山本誠作・菱木政晴訳、松籟社、一九八五年、四一三―四一六頁

（9）A. H. Johnson, *Whitehead's Philosophy of Civilization*, Dover, 1962, p. 107.

（10）「ホワイトヘッドの夕べ」への参加者は、チェスター・バーナード（Chester Barnard）、ホマンズ（George C. Homans）、ジョンソン（A. H. Johnson）、タルコット・パーソンズ（Talcott Parsons）、ポール・サムエルソン（Paul Samuelson）など。その後にホワイトヘッドに何らかの関心を持っていた人は、フォン・ベルタランフィー（Von Bertalanffy）、ウォルター・バックレイ（Walter Buckley）、カール・ドイッチュ（Karl W. Deutsh）、デーヴィット・イーストン（David Easton）、トーマス・J・ファラロ（Thomas J. Fararo）、バートランド・ラッセル（Bertrand Russell）、コリン・ウイルソン（Colin Wilson）、ヴイトゲンシュタイン（Ludwig Wittgenstein）、ノーバート・ウィーナー（Nobert Wiener）、アーヴィン・ラズロー（Ervin Laszlo）、植田清次、大島豊、北川敏夫、澤田允茂、廣松渉、藤原保信などである。

参考文献

ホワイトヘッド『観念の冒険』山本誠作・菱木政晴訳、松籟社、一九八五年

山本誠作『ホワイトヘッドの宗教哲学』行路社、一九七七年

N・ウィーナー『サイバネティックス』池原止戈夫他訳、岩波書店、一九六八年

W・バックレイ『一般社会システム論』新睦人・中野秀一郎訳、誠信書房、一九八〇年

ルシアン・プライス編『ホワイトヘッドの対話』岡田雅勝・藤本隆志訳、みすず書房、一九八〇年

田中裕『ホワイトヘッド――有機体の哲学』講談社、一九九八年

A. H. Johnson, *Whitehead's Philosophy of Civilization*, Dover, 1962.

第五章　A・N・ホワイトヘッドの平和論——その評価と批判

ホワイトヘッドは、平和に関するのみならず、文明や広範囲にわたる哲学的課題にも取り組んだ哲人である。彼は、神についても神々の存在論に道を開いた。本論では、ホワイトヘッドの平和論を理解するために、彼の存在論をまず簡単に論じ、つぎに彼の文明論が彼の存在論から成立していることを明らかにしている。その上でホワイトヘッドの平和論、すなわち存在論的平和論について論及することになる。その平和論は、宇宙秩序の根本について論じているために難解であるが、現実的あるいは今日的平和論を考察するための参考にはなるであろう。しかしながら、あまりにも抽象的過ぎるホワイトヘッドの文明論・平和論は、現実的有効性に欠けるとし、その限界を指摘し、さらに批判することによって別の方向を探ろうとしている。その第一歩としてホワイトヘッドと沢田允茂の平和論の比較を試みている。この比較から本論では論じていないが、システム論的平和論の可能性が予見されている。このことは、個人主義思想に依拠し、究極的には攻撃的平和論や文明論に成る立場、さらに共産主義などの全体主義思想に依拠し、究極的には暴力的平和論や文明論に成る立場に組しないことを意味している。ホワイトヘッドは、しかしながら死の直前に「生気への訴え」(An Appeal to Sanity)で、同論文の脚注に「国連機構が代表する倫理の枠内での好意的歩み寄りに基づく世界統一以外、私は文明の未来に希望が持てない(1)」と記したことは、彼が既に個人主義思想に依拠し、究極的には攻撃的平和論や文明論に成る立場の限界に気がついていたといえるであろう。

一、A・N・ホワイトヘッドの存在論

ホワイトヘッドは、アリストテレスやプラトンの伝統に従い、形而上学に関心を持っている。その伝統に従うならば形而上学はもっぱら哲学であり、存在それ自体の理由を説明しようとする知的努力となる。形而下学はもっぱら自然を究明する学であり、科学の対象分野である。彼に語らせよう。「哲学が力説するのは、普遍的に応用されるがゆえに、分類するということがおよそ不可能であるような一般化である。……科学が力説するのは、個々の出来事の観察と帰納的一般化である(2)」と述べている。このことからホワイトヘッドは、「今、流れている水それ自体の存在」の究明を哲学の対象とし、「今、流れている水の現象」の究明を科学の対象としていることが明らかである。このように哲学と科学の区別を明確にした上で、彼は科学よりも哲学の思弁的で、統一的な解釈と説明に関心を持ったといえよう。換言すれば、A・N・ホワイトヘッドは、「哲学は科学で説明していない未知の世界に対して解釈しようとする思弁的努力」と考えていることになる。

彼はしたがって「現実的実質」(actual entitiy)を彼の哲学の中心概念に措定し、明らかにそれは形而上学的概念であり、科学で説明できない概念である。『過程と実在』のなかで、彼の哲学を構成する主要な概念として、「現実的実質」(actual entitiy)、「抱握」(prehension)、「結合体」(nexus)、そして「存在論的原理」(ontological principle)の四つの核となる概念を掲げている(3)。現実的実質は世界を構成する究極的な実在的事物と論述し、それの背後に何か別の存在があると探ってみても何もなく、神も現実的実在であると言明している。この言明の重要性を指摘するならば、神と世界が分割されていないという点である。そして神も世界の構成者であるという点である。このホワイトヘッドの考え方

は、世界の背後に神があるとするものでない故に、世界が拡大して行くに従って神が後退し、ついには神が無限後退していってしまう事を防ぐという事で評価できる。別の視点からみると、この世界が神と他の存在者との融合した多元的統合体から成立しているといっているのである。つまり、神の意志あるいは精神が他の存在者のなかに入り込んで、そして融合し多元的統合体になって存在しているとみるのである。この事はこの世界の構成者である実在的事物に意志あるいは精神が内包されている事を指し、したがって現実的実質にくまなく意志あるいは精神が内包されていると言及していることになる。意志あるいは精神を内包している現実的実質は何かを創り、また創られる存在なのである。

つぎに、「抱握」についてここでの詳細な説明はしないが、簡単にホワイトヘッドの説明を引用しておこう。彼は、現実的実質を分析し、そして区分することによって抱握を導出する。導出された抱握は、外界に係りを持ち、ベクトル的性格を持つことになる。そういう性格には、情動、目的、価値付け、そして因果作用をも含むものとしている。また抱握は、抱握しつつある主体、抱握される与件、その主体がその与件をいかに抱握をするかという主体的形式の三要因からなり、現実的実質の抱握には物理的抱握と概念的抱握の二つがある。積極的抱握を「感じ」(feelings)と呼び、消極的抱握を「感じから除去する」ことと論じている。また、「結合体」は現実的実質が抱握し合って、含み合っており、そして共在していることを指し、このことは社会の成立を論じているのである。

ホワイトヘッドによれば、ロックの「力能」(power)と同じく、現実的実質を措定することが存在論的原理を明示したことになるとしている。ホワイトヘッドは、神を現実的実質とし、それの多元性と同様に、神の多元性を論じ、神と世界の対立ではなく、対照性を論じていることに特徴がある。つまり、一のなかに多を含み、多のなかに一を含んでおり、そして連帯しながら創造過程を進化するとみているのである。概略的に述べるならば、ホワイトヘッドの現実的実質は、存在論の中心的概念であり、形而上学を構築する中心概念である。

二、A・N・ホワイトヘッドの文明論

ホワイトヘッドは、究極的存在として現実的実質を案出し、それが全存在を表すものと考えた。彼は文明を考察するにあたって、現実的実質としての全存在から人間を区別し、「この地球という惑星上での生きものの中で、直接の証拠が手に届くかぎりにおいては、科学と哲学はただ人間だけに存する」(4)と述べている。この言及は自明のことであるが、文明化されているかどうかによってまた人間社会は未開から文明までに区別される。

1、A・N・ホワイトヘッドの文明の四つの構成要素

ホワイトヘッドは、「文明を構成する四つの要素(elements)とは、1、行動のパターン、2、情緒のパターン、3、信仰のパターン、4、技術である。四つの構成要素はすべて互いに影響しあっているとはいえ、技術はわれわれの論題外のものとして、ひとまず論題からはずして差支えない。また行動のパターンは、情緒のパターンと信仰のパターンによって、長期にわたって支えられ、変様される。情緒と信仰に注意を集中するのが、宗教の第一義の課題である。(5)」と述べている。

ホワイトヘッドが文明の構成要素としてここで四つの要素をあげているが、「……技術はわれわれの論題外のものとして、ひとまず論題からはずして差支えない……」として、技術について表面から取り上げていないのは、彼がそこで文章を書いている主要な題目が「新宗教改革」に関する論議にあるからだ。したがって彼は、技術よりも宗教、とくにキリスト教について論じ、行動のパターン、情緒のパターン、そして信仰のパターンについてより詳しく論じている。

ホワイトヘッドが文明を論じるに当たって、その構成要素に行動のパターン、情緒のパターン、信仰のパターン、そして技術をあげていることは、今日において文明を考察する場合でも十分に議論に耐えうると考えられる。すなわち行動のパターン、情緒のパターン、そして信仰のパターンの三つは、人間の価値に係る心的、心理的、歴史的価値と定義できるからである。私はそれを文化と定義している。文化は心的、心理的、歴史的価値を表し、文明はそれらを含めた技術と定義できるからである。私はキリスト教を信仰している者ではない。とくに一神教には組みしない者である。しかし私を含めてわれわれは、日本の歴史と伝統のなかで少なくとも二〇〇〇年の間生活してきている。A・N・ホワイトヘッドのいう三つのパターンは、日本では見事に統合している。毎日の生活で箸を使っているので、箸の文化と文明について説明してみよう。

箸はもともと中国文化圏のなかに属している。しかし箸を使う文化圏の中国、韓国、日本で同じであろうか。決してそうではない。箸は一本の棒状のものではなく、二本の棒状のものから成り立っていることは中国、韓国、日本において共通である。しかし中国の箸は木製から象牙製のものまであり、また先端がそれほど鋭利になっていない。韓国では箸は金属製になっている。日本では木製が多く漆塗りまであり、竹製がとくに日本料理では使われ、中国よりも鋭利になっている。これらの違いは、A・N・ホワイトヘッドのいう行動のパターン、情緒のパターン、そして信仰のパターンの違いから生じてくる。少なくとも日本では日本の自然観によって竹製のものに価値をおいている。日本料理は、自然そのものの竹製を使うことに情緒を感じ、自然の神々に感謝して生きることを善として感じている。これらの感じ合いのなかから日本的行動のパターンが出てくるのである。日本の箸は素朴な木製から、技術の発展から箸の洗練化も起こってきている。したがって日本の箸は、文化的側面と文明的側面の統合による結果物であるといえる。以上のことからホワイトヘッドの文明の四つの構成要素は正当なものと評価できる。

2、A・N・ホワイトヘッドの文明の五つの性質

ホワイトヘッドは、文明を構成する四つの要素（elements）として、行動のパターン、情緒のパターン、信仰のパターン、技術をあげた。それは文化的側面と文明的側面の統合されたものと私見を述べた。さらにA・N・ホワイトヘッドは、現実的実質の社会である人間の集合である人間社会が文明化された社会の要素ではなく、性質として五つの性質を上げている。それは、真理、美、冒険、芸術、そして平和である。(6)

要約的に考察するならば、真理はその現象が真か偽であるかに対してのみ適用でき、実在に対して真偽を問うことができないとしている。(7) 美は経験におけるいくつかの要因の相互適応であり、適応には目的を含意し、適応の目標が分析されたときのみ定義できるとしている。(8) 冒険は、三つの形而上学的原理として（1）「リアルな現実態の――つまり完全にリアルなものの――まさしくその本質をなすものが過程であり」(9)、（2）現実態の諸契機が有限ではなく、

「過程は神の本性に内属しなければならず、よって、神の無限性は実現される」[10]のであり、このことから冒険が諸契機の本性であり、「冒険がなければ、文明は完全に崩壊する」[11]とまで言い切るのである。さらに（3）「個体性の原理と呼び、それは調和に関わるもので、偉大な調和とは背景の統一性において結合された、諸々の存続する個体の調和である。自由の観念がより高度の文明につきまとっているのは活発な自己主張が要請されているからである。」[12]としている。これら三つの原理から人間社会の文明化に冒険の必要性を論じている。芸術は、「そのさまざまな構成体の細々とした構成要素の内に、個体性を生み出すことを目指すべきである。……偉大な芸術は、その構成体のさまざまな細部がそれらの権利において、こよなく生きている。それらはそれぞれの個体性を要求する。にもかかわらず全体に貢献する」[13]と述べ、ゴシック式会堂の細部と全体が調和していることに芸術の文明化の必要性を語っている。

三、A・N・ホワイトヘッドの平和論

ホワイトヘッドの平和（peace）は、人間社会の文明化した性質の真理、美、冒険、芸術の五番目に置かれている。平和（peace）は、人間社会の文明化した性質を表すものであるが、人間社会の文明化する構成要素ではないということである。ホワイトヘッドが平和を見い出すまでに、プラトンの七つの一般化したイデア、物理的要素、プシケー、エロース、調和、数学的関係、受容者を考察しながら、それら七つは、文明化に向かって駆り立てた観念としてあげている。プラトンを参考にしながら、文明を構成している本質的性質として真理、美、冒険、芸術を容易に導きだしながらも、これら四つでもまだ不十分で、プラトンの調和から派生する「諸々の調和の中の調和」、他言すれば「調和の中の調和」あるいは「調和の調和」から文明化する社会にとって本質的性質はやはり「平和」（peace）であると言

明している。このことからホワイトヘッドの現実的実質は、文明化した人間社会の本質的性質として真理、美、冒険、芸術、平和を包摂、内包しているものと考えられる。

以上のホワイトヘッドの平和（peace）という概念は、英語でPEACEであるが、日本語では訳者らの訳語「平安」、平穏、平静、和平、和、調和までを含むものとしてもよいであろう。ホワイトヘッドの平和は、文明化した社会が戦争の性質ではなく、平和の性質を存続して保持していることに価値をおいているのである。この言及はその通りであるが、しかし英国や欧州の帝国主義、奴隷制度、植民地制度は、今日の文明化されてきた人類社会にとって通過しなければならなかった過程であったとは断定できない。もしそれらが通過すべき過程であったとすれば、最高の文明化した人類社会は、最強の技術を装備した防衛体制、攻撃する軍隊、さらに最強の兵器体系を装備した軍隊の上に、最高の文明化した人類社会が成立することになる。覇権国家である米国の動向をみているとそのように想像できる。この結論は、ホワイトヘッドの現実的実質の形而上学から導き出されたものである。ホワイトヘッドの形而上学としての哲学と科学としての認識論の溝はどのようにして埋められるかが問題である。

四、A・N・ホワイトヘッドの文明論・平和論批判

ホワイトヘッドは、文明を構成する四つの要素（elements）として、行動のパターン、情緒のパターン、信仰のパターン、技術をあげた(14)。さらにA・N・ホワイトヘッドは、現実的実質の社会である人間の集合としての人間社会が文明化された社会の要素ではなく、文明化された社会の性質として五つの性質をあげている。それは、真理、美、冒

険、芸術、そして平和である。(15)

ホワイトヘッドの文明を構成する四つの要素のうち、行動のパターン、情緒のパターン、信仰のパターン、技術についてはここでは問題がない。問題は行動のパターンである。それは信仰や情緒によって現れ方が違うからである。問題とすべきことは、文明化した社会の五つの性質である真理、美、冒険、芸術、平和のなかの「冒険」にある。彼は冒険における形而上学原理として個体性をあげている。個体性は自由の関係から自己主張を認めているが、これは真理であるのかどうか問題を残している。

ホワイトヘッドによれば、真理は現象に対してのみ適応される性格付けであるとしている。このことから今日の物理学の現象理解では、素粒子であっても個体性は複雑に絡み合った相互依存関係のなかから生起してくる現象としている。人間社会にあっても、個人は複雑に絡み合った相互依存関係のなかから生起してくる現象と定義する方が正しい現象の把握であり、真理である。したがって人間の個人の絶対性は、形而上学としての哲学にも存在しないし、また認識論としての科学にも存在しない。このことから個人の絶対的自由もありえないことである。欧米の主流になっている個人を中心に置く個人主義的社会理論は成立していなく、社会現象を正しく説明していないのである。個人は他の個々人との相互依存関係の物理的なエネルギー関係（もの的関係）と情報的関係（こと的関係）から生起し、全体性を形成する。社会はその全体性の別言である。したがって個人という概念は誤りであり、個人の自由も絶対的でない。ホワイトヘッドは、形而上学的な存在としての現実的実質を措定し、あらゆる関係の総体としての有機体の哲学を構築しようとしたにもかかわらず、そこには原子論的機械論の原子としての個人とその絶対的自由を議論の対象とせざるをえなかった限界があったと言及できる。そもそも個人は存在しないにもかかわらず、「個人の絶対性と個人の相対性[16]」を議論する意味がないのである。

またホワイトヘッドは文明化された人間社会の性質として五つをあげ、そのなかに平和（peace）がある。平和（peace）は自己制御であり、その最も広い意味で「自我」（self）が消え失せ、興味が人格性よりも広いさまざまに整序されたものへの転位させられているような広さにおける自己制御であると述べている[17]。このホワイトヘッドの言及の意味は簡単に理解できないが、次の言及、すなわち「平和（peace）の意味が最も明確に理解されるのは諸事物の本性において本質的な悲劇的結果とそれとの関係を考察することによってである。悲劇を理解することであり、同時にそれを保持することである[18]」と述べている。ここでの悲劇的結果というのは戦争、殺人などを想定しているのであり、それらとの関係とは価値付けである。戦争かあるいは平和かの価値付けである。そもそも戦争は説得なしの暴力であり、その源泉は個人という個体性の誤謬に由来するのである。人間は個人ではなく、外界から隔離された一人の人間などというものは存在しない。したがって一人ひとりの個人の寄せ集めの社会などは存在しないのである。社会とは一人ひとりの人間の物理的エネルギーの関係と情報関係の複雑な絡み合いの複合体なのである[19]。悲劇は誤った情報の誤解から生じることであり、誤った情報に基づいた行為の結果である。平和はあらゆる情報の開放性によってもたらされ、実現するものである。情報を制限したり、情報を閉鎖的にするのは平和よりも悲劇や戦争を好む、未だ文明化していない人間社会の結果物である。この点でホワイトヘッドの平和論に限界がある。私はホワイトヘッドの文明化した社会の性質としてあげた五つ、真理、美、冒険、芸術、平和よりも、文明化した社会の構成要素として真、善、美、愛、平和をあげる。この構成要素を実現した社会が文明化した地球社会である[20]。

五、A・N・ホワイトヘッドの平和論と沢田允茂の平和論

ホワイトヘッドの平和論は、前述したように抽象度がきわめて高い段階で論じている。そもそもホワイトヘッドは『観念の冒険』のなかで議論している平和あるいは平安は、「自我が消え失せ、興味が人格性よりも広いさまざまに整序されたものへと転位させられているような広さにおける、自己制御である[21]」とし、「……平安で私が言及しているのは、政治的諸関係のことではない。[22]」と断っているので、明らかに社会関係としての平和あるいは平安を考察しているのではない。彼はそのことによって、文明の質を問いただしているのである。もちろん文明の質が平和あるいは平安にまで行き着き、自己制御に満ち溢れた文明になれば、戦争や争いがなくなるだろうが、しかし目標としての究極的、宇宙的平和あるいは平安を論じたに過ぎない。より具体的にホワイトヘッドが『科学と近代世界』の「社会進歩の要件」で論じている方が理解しやすい。彼は、「十九世紀の合言葉は、生存競争、優勝劣敗、階級闘争、国家間の貿易競争、戦争などであった。生存競争はそれの意味よりして憎悪の福音となった。[23]」と述べ、人間社会における平和についても、同じように抽象度がきわめて高い段階で論じられている。戦争よりも平和の方が価値が高いのは当然の帰結であり、人類が追求すべき目標であることには変わりがない。これは文明度が高い、低いの問題ではない。彼は存在論から平和もしくは平安を導出しようとしたから抽象度の高い平和論になったと考えられる。したがって人間を含む宇宙における平穏（Peace）の状態を論じているようにも考えられる。あるいは息子の戦死があったにせよ、直接の戦争体験がないことからくる平和論に過ぎないかもしれない。少なくともヨーロッパ文明や英国の文明の発達による技術革新の世界文明への貢献は認めなければならないが、しかしその一方で、ヨーロッパ文明や英国の文明の犯したアジア、アフリカに対する植民地化や侵略、そして戦争に対して単に平和を論じるだけで免罪符は与えられな

いであろう。もちろん日本帝国も同じ誤りを犯したことは歴史的事実である。

沢田允茂の平和論は、ホワイトヘッドのような存在論的平和論ではないがより理解しやすい。彼は晩年つぎのように論じている。「……私は大正デモクラシーと言われる、ともかくも私にとっては平和な時代に生まれ、二三歳から二九歳頃までは第二次世界大戦という戦争の時代を経験し、戦後から現在までは再び、戦後の平和と言われる時代に生きている。……良く言われるように、戦争は良くも悪くも人間の社会に新しいものを生み出すきっかけとなっていることは否定できないだろう。……考えてみると、私たち人間は平和のために戦うことをしなければならない、というある意味では矛盾した考えや行動を引き受けねばならないのだ、と言うことができる。第二次世界大戦後、日本政府をはじめ多くの言論機関は、日本人に対して平和の必要のみを強調して発言してきたが、もし日本国が攻撃された場合でも、戦うことを拒否するだろうか。平和と戦いへの備えは、紙の表と裏のように双方が必要なのではないだろうか。平和の中でも、戦うことへの心構えは必要であろう。[24]……」とである。沢田允茂のこの議論は、認識論、知識論であり、また現実論である。二一世紀の今日においても、戦争から抜け出て、ホワイトヘッドのいう究極的平和が人類の制度的価値、制度的規範になっていないからである。人類が文明の発展を求めている限り、紛争や戦争から逃れることができない。沢田允茂は最後の所で、つぎのように述べている。すなわち「……戦争と平和とはその基本にある憎しみと愛の国家的拡大であり、その拡大を押さえようとしても、その拡大を許す国家やその他の地域集団が存在する限り不可能であろう。このような地域集団を地球という世界に拡大したとしても、地球そのものが宇宙の一つの地域集団であり、同じ集団である他の天体と敵対関係に入ることになれば戦争は避けられないだろう。要するに、人間を含めて、憎しみと愛を持つ生物がなくならない限り、戦争はなくならないし、世界の平和も完成しないだろう。[25]」とである。

われわれは、平和と戦争の問題が沢田允茂のいう「憎しみ」や「愛」を巡る争いや競争、さらにはそれらを巡る選択の自由から惹起してくる生存の根本問題があると自覚できる。共産主義や社会主義も権力闘争に終始したし、また幻想に終わった現在、われわれは新しい目標を模索している。日本国憲法の第九条の戦争の放棄は、人類の究極的平和の制度的規範を表現しているにもかかわらず、その一方で自衛隊を保持しているのであるから矛盾し、平和と戦争の価値の競争関係になっている。中米にあるコスタリカは日本と同じく、戦争の放棄を憲法で決めており、軍隊を保持していないことは明らかであるが、しかし外国からの侵略があった場合、米軍の力を要請できる安全保障条約の締結をしているので、完全な意味での戦争放棄ではない。しかしながら完全な意味での戦争放棄が実現できれば、それはホワイトヘッドのいう平和であり、平安であり、また平穏である。その目標を実現していくためには、ホワイトヘッドのいう国連組織のような国際間の関係強化を図る組織の充実と、もう一方ではコスタリカや日本のような強国の影響力や支配を受け入れた防衛線の構築以外に方法はないであろう。現実的にはこれら両者が相伴って究極的平和の実現に向かうのかもしれない。[26] この方向への正しさは、日本の江戸期における藩体制から統一国家の形成において各藩の紛争や戦争がなくなっていったことや人体の免疫防護機構からアナロガスであっても例証できる問題である。

六、A・N・ホワイトヘッドの平和論を越えて

ここではホワイトヘッドの平和論や文明論を批判的に検討し、さらにA・N・ホワイトヘッドと沢田允茂の平和論

を比較してみた。そこからつぎには、システム論的平和論や文明論を論じる糸口を探っている。ホワイトヘッドは、平和に関するのみならず、文明や広範囲にわたる哲学的課題にも取り組んだ哲人であり、神についても神々の存在論に道を開いた人物である。この点では高い評価を与えることができる。しかしホワイトヘッドの文章を理解するには相当の忍耐が必要であることも確かである。何故にホワイトヘッドの哲学が晦渋であるかが問題である。ホワイトヘッドの中心概念である現実的実質などを理解し、納得するようになるまでには相当の範囲にわたる現代科学の知識が必要である。そのような理解の上に立ってホワイトヘッドの著書を読まなければ、議論の糸口すらみつからない。

ここではホワイトヘッドの存在論を要約的に論じ、つぎにホワイトヘッドの文明論が彼の存在論から成立していることを明らかにした。その上でホワイトヘッドの平和論について究明している。ホワイトヘッドの文明論・平和論の限界を指摘し、批判したのは、システム論の存在論と認識論の成立の正当性を試みてみたかったからである。[27] このことは、個人主義思想や共産主義などの全体主義思想に依拠する平和論や文明論に加担するのではなく、新しい地球社会の平和論や文明論を建設しようとしていることを意味している。[28]

註と引用文献

(1) A・N・ホワイトヘッド『科学・哲学論集・上』蜂谷昭雄・井上健・村形明子訳、松籟社、一九八七年、八六頁
(2) A・N・ホワイトヘッド『観念の冒険』山本誠作・菱木政晴訳、松籟社、一九八二年、一九五頁
(3) 伊藤重行『システム哲学序説』勁草書房、一九八八年、一六六—一七四頁
(4) A・N・ホワイトヘッド『観念の冒険』山本誠作・菱木政晴訳、松籟社、一九八二年、一九一—一九二頁
(5) A・N・ホワイトヘッド『観念の冒険』山本誠作・菱木政晴訳、松籟社、一九八二年、二三三頁
(6) A・N・ホワイトヘッド『観念の冒険』山本誠作・菱木政晴訳、松籟社、一九八二年、三七八頁

(7) A・N・ホワイトヘッド『観念の冒険』山本誠作・菱木政晴訳、松籟社、一九八二年、三三一頁
(8) A・N・ホワイトヘッド『観念の冒険』山本誠作・菱木政晴訳、松籟社、一九八二年、三四七頁
(9) A・N・ホワイトヘッド『観念の冒険』山本誠作・菱木政晴訳、松籟社、一九八二年、三七九頁
(10) A・N・ホワイトヘッド『観念の冒険』山本誠作・菱木政晴訳、松籟社、一九八二年、三八二―三八三頁
(11) A・N・ホワイトヘッド『観念の冒険』山本誠作・菱木政晴訳、松籟社、一九八二年、三八五頁
(12) A・N・ホワイトヘッド『観念の冒険』山本誠作・菱木政晴訳、松籟社、一九八二年、三八六―三八八頁
(13) A・N・ホワイトヘッド『観念の冒険』山本誠作・菱木政晴訳、松籟社、一九八二年、三八九―三九〇頁
(14) A・N・ホワイトヘッド『観念の冒険』山本誠作・菱木政晴訳、松籟社、一九八二年、二三三頁
(15) A・N・ホワイトヘッド『観念の冒険』山本誠作・菱木政晴訳、松籟社、一九八二年、三七八頁
(16) A・N・ホワイトヘッド『観念の冒険』山本誠作・菱木政晴訳、松籟社、一九八二年、五八―五九頁
(17) A・N・ホワイトヘッド『観念の冒険』山本誠作・菱木政晴訳、松籟社、一九八二年、三九四頁
(18) A・N・ホワイトヘッド『観念の冒険』山本誠作・菱木政晴訳、松籟社、一九八二年、三九四―三九五頁
(19) 伊藤重行『システム哲学序説』勁草書房、一九八八年、四一―八六頁
(20) 伊藤重行『システム哲学序説』勁草書房、一九八八年、二二九―二五一頁
(21) A・N・ホワイトヘッド『観念の冒険』山本誠作・菱木政晴訳、松籟社、一九八二年、三九四頁
(22) A・N・ホワイトヘッド『観念の冒険』山本誠作・菱木政晴訳、松籟社、一九八二年、三七八頁
(23) A・N・ホワイトヘッド『科学と近代世界』上田泰治・村上至孝訳、松籟社、一九八一年、二七四―二七五頁
(24) 沢田允茂『九十歳の省察――哲学的断想』岩波書店、二〇〇六年、六〇―六二頁
(25) 沢田允茂『九十歳の省察――哲学的断想』岩波書店、二〇〇六年、六二―六三頁
(26) 伊藤重行「北東アジアの秩序と安全保障機構の形成」『アジアと日本の未来秩序』東信堂、二〇〇四年、一〇七―一二二頁
(27) 伊藤重行「ホワイトヘッドの政治理論」『アジアと日本の未来秩序』東信堂、二〇〇四年、八一―一〇四頁で若干論じている。
(28) 本論文は、平成一九年九月二九日の同朋大学で開催された日本ホワイトヘッド・プロセス学会第二九回全国大会「A・

N・ホワイトヘッドと平和」シンポジウムの発表草稿に基づいて作成されたものである。

参考文献

伊藤重行『システム哲学序説』勁草書房、一九八八年
伊藤重行『アジアと日本の未来秩序』東信堂、二〇〇四年
沢田允茂『九十歳の省察――哲学的断想』岩波書店、二〇〇六年
田中裕『ホワイトヘッド――有機体の哲学』講談社、一九九八年
中村昇『ホワイトヘッドの哲学』講談社、二〇〇六年
チャールズ・ハーツホーン、クレイトン・ピーデン『コスモロジーの哲学』京屋憲治訳、文化書房白文社、一九八八年
J・ヒックス『神は多くの名前をもつ』間瀬啓允訳、岩波書店、一九八六年
A・N・ホワイトヘッド『科学・哲学論集・上』蜂谷昭雄・井上健・村形明子訳、松籟社、一九八七年
A・N・ホワイトヘッド『観念の冒険』山本誠作・菱木政晴訳、松籟社、一九八二年
A・N・ホワイトヘッド『過程と実在（上）（下）』山本誠作訳、松籟社、一九八四年

第六章　日本のホワイトヘディアンからの手紙

一九九四年五月に入って米国滞在中の私のところに、日本から一通の手紙が届いた。その内容は「文明論」に関する作品を日本で発行したいというものだった。この要請は、ホワイトヘディアンの一人として、以前から考え、そして行動し、さらにホワイトヘッドの発展としての「システム哲学」を発表し、また「システム主義」を日本からの思想的結晶の一つとして発信し続けているものにとって、ありがたい機会の供与であった。以前、ある哲学者が「伊藤重行氏のシステム哲学は海外にも紹介されてもいいと思う(1)」ということもあったことを思い出すものであったからだ。

振り返ってみると、約三〇年前の大学院博士課程時代、政治理論、国際関係論、世界秩序論の研究にあって「どうしてA・N・ホワイトヘッドなのか」と疑問を呈され、まだ日本語訳のないホワイトヘッドの文献を「今にみていろ」と心に誓い、孤立無援のなかで闘い続けていた自分が懐しく思い出される。当時、まだホワイトヘッドの日本語版が出ていなかった時に、あの『過程と実在(2)』に熱中する一方で、日本でホワイトヘッドに関する研究資料と日本語訳の出ているものを集めたものだ。やはり行き着くところは、世界における日本哲学の基地、京都学派であった。

本当は京都に行って研究をしたかったが、しかし、当時東京からは遠く、貧乏学生にはそう簡単なことではなかった。そこで東京にいる数名のホワイトヘッド研究者あるいは訳者をたずねてみた。ある東京在住のホワイトヘッドに関する著者に聞いてみると、「あれはもう昔のことで」というので、あぜんとしたことが思い出される。また別の訳者とは手紙で交流があったが、私が直接たずねた時は、米国で研究中であったので数年後に、お会いでき、大いにホワイトヘッド研究のことを教えてもらい、今も続いている。また日本哲学会の委員長をされた方の哲学、とくに知識およびその構造に関する研究は、合理論と経験論の再検討のために大いに役立った。私にとって科学的理論と称されるなかにあって、存在論と認識論の分裂は、現代思想、現代哲学の悲劇と思われてならなかったからであった。

ホワイトヘッドの一生の研究は、まさに認識論を深め、ラッセルとの記号論理学の発展であったが、宇宙の究極的存在とその認識の説明で意見を異にして別れた。この別れは私には当然であると思われた。というのは形式論理でこの宇宙を説明できる程、簡単なものではないと知っていたからだ。私にとって私を生んだ親は知っていても、親のまた親がどうしてここの現世界に現われたかについて、全く無知だからだ。すなわち自然から創発されてきた人間存在を、人間の側から自然を形成論理で説明しようとしたラッセルの立場には、明解さはあっても納得できるものではなく、ホワイトヘッドの方がより人間として正しい態度と思われたのであった。もう少しこのことを現代科学のあり方にあてはめてみると、この世界の複雑性の問題には全くお手上げ状態であり、また生物科学の遺伝子の表現型と遺伝型のからみ合いについても全く無力であり、さらには「身心問題」、そして「三体問題」についても全くお手上げ状態であるからだ。しかし私にとっていつも思うことは、現代科学が扱えないところに実在があるということ、これをどう考えるか、考え続けるか、ここに学問する人間の生きる存在理由があると思い、今もそう思って研究しているのである。結局、「過程」という考え方に行き着くのである。

ホワイトヘッドは、ラッセルと別れ、自らの考えを深めるため、数学から自然哲学に入り、「オーガニズム（有機体）」の概念を提起した。この方向は、先述した現代科学が手に負えない複雑性の分野への問いであり、私にとって、『科学と近代世界』[3]は、自らの哲学的立場を決定するものであった。ホワイトヘッドの科学と哲学を先取りした今日的正しさはハイゼンベルグの「不確定性原理」、アインシュタインの「相対性理論」、数学の「確率論」から考えても明らかとなっていたのである。ホワイトヘッドの「オーガニズム」、そして後期の「現実的実質」は、当然、二一世紀への知的挑戦のための提起概念であったと思われるが、しかしホワイトヘッドと同世代の日本の西田幾多郎の「絶対的矛盾の自己同一」という概念も、世界の思想と哲学の流れから考えて、同列で論じられるべきものと考えられる。この辺から二〇世紀後半の世界的哲学者が現われたとみるべきで、私が「日本からの新しい文明論の波」[4]という考えを彼らの哲学を発展させた形で提示するのもこの点にある。

またその日本からの新しい文明の波を一層力強いものにしてくれるのは、ホワイトヘッドがラッセルと学問的に別れたにもかかわらず、この両者は、N・ウィーナー（サイバネティックスの創始者）やヴィトゲンシュタインを育て、また西田幾多郎を出した京都学派は、多くのノーベル賞学者を出してきたことによっても、日本的思考と科学・哲学の発展が世界への日本からの学問の貢献ができる証左であると思って、間違いないことである。アジア・太平洋地域への日本の知的貢献の時がやってきたといえる。その場合、日本の文化を背景にした知を押しつけるのではなく、諸々の神や神々、仏のみならず、人間の道、倫理道徳、科学・技術をも全包括した新しい世紀への知的枠組みを提供する総合的知的冒険の姿である。受け入れられるかどうかの選択はどこまでも相手側にまかされているのである。

一、A・N・ホワイトヘッドと西田幾多郎への手紙

これまで多くの先人の研究に支えられて、自分なりに納得した思想や哲学の研究を見い出すために努力してきた。マルクスの「資本論」、キリスト教のものなど数えると限りがない程知的探求を重ねてきた。しかしこれまでの全人類の知的遺産を読破するだけの能力も時間もないことは確かである。私の恩師はいつも「学究はオーソドックスであれ」と語り、哲学研究の必要性を説いていた。曲折を繰り返すなかで、ホワイトヘッドの文献に出合った。彼の『科学と近代世界』が日本語で出版されていたのであった。これを読み、その基本概念「オーガニズム」(有機体)は本当に納得する考え方であった。というのは、彼は、複雑な世界と単純な要素に分解する方式に疑念を持ち、複雑な世界をそれなりに理解しようとする態度を表明したからである。原子の世界すら有機体であると明言したことがその証拠である。より専門的には、数学的点の概念を用いて彼は、分離的、抱握的、そして様態的特性に分けて、複雑な世界を単純化する方式を否定している(5)。

彼は『科学と近代世界』の後に、本格的な形而上学である『過程と実在』に取り組むことになった。まだ日本語版がなかった時であったので、その内容を捉えるために、いちいち翻訳をしながらの読書である。彼は、この形而上学の中心概念を「現実的実質」と設定し論理展開をするのであった。そして彼が思弁哲学のその総合性とさまざまの部分的論理構成の整合化によって、科学における実験を一つずつ行うのと同じとみえる程の壮大な思考実験をしながら

一大形而上学を作り上げて行く様子を驚きをもって読んだことを思い出す。そして私は彼の次の一節に気がひかれた。つまり「究極的な形而上学的真理はアトミズム（原子論）である。……しかしアトミズムは複雑性と普遍的相対性を排除するものではない。各々のアトム（原子）は、あらゆる事物のシステムになっている。[6]」というところであった。彼ホワイトヘッドはこの一節を実は「現実的実質」で思考実験をしたのであったと思った。そしてまたそのアトムが複雑性と普遍的相対性を持っているという言明は、アトムは単に個人主義や機械論に結びつく論理ではなく、複雑なからみ合いになっていることを示唆したのであった。まさに現代物理でこの宇宙は単純なアトムの合算ではなく、アトムすら複雑な構造をもっているということを明らかにしているのである。現代科学が実験によって明らかにする前に、思弁によってこのように言明できたということは、まさに一大形而上学があらゆる所の学問に示唆を与えるものだと思った。つぎに彼が使ったシステムという用語であった。この言葉のもつ直観的な思いが私を捉えた。そのギリシャ語の意味を調べてみると、「まとまってある」あるいは「まとまって置いてある」という意味なのである。私が当時考え、そして捜し求めていたことは、複雑でかつ統合性と部分性をうまく表現する言葉はないものかということであった。そしてフォン・ベルタランフィの『一般システム理論[7]』を読んだ時は、これからは「システム」で総合化を試みようと決心したのであった。

ホワイトヘッドの「現実的実質」は、私のシステム哲学では、まずエネルギーと情報の流・出入のある「開放システム」と規定し、「現実的」を「自己安定的・自己組織的」と再解釈し、「実質」を「システム」と解釈して再構築したものである。したがって「自己安定的・自己組織的システム」が私の形而上学の根本概念ということになる。神や神々も含まれ、新しい時代の総合哲学を意図しているのである。しかも日本の文化を背景にしていることも付加しておこう。ホワイトヘッドからの学問的刺激は今も続き、彼に戻り、自らの形而上学の完成に向かっているのである。思うに先導的文明は形而上学を必要とすると思われる。

次に西田幾多郎である。彼もホワイトヘッドと同世代の形而上学者であった。私が関心を持ったのは、彼の『善の研究』であった。ただ最初は批判的であった。というのは、あまりにも意識や純粋経験に力点が置かれ過ぎていると判断したからだ。意識を強調し過ぎると「…と思う」…「…と思う」ということになって無限後退をどこで中止するかという問題があるからだ。しかし彼が①「……直接の実在は受動的の者でない、独立自全の活動である。[8]」、また②「……実在の根本的方式は一なると共に多、多なると共に一、平等の中に差別を具し、差別の中に平等を具するのである。……この二方面は離すことのできないものであるから、つまり一つの者の自家発展ということができる。[9]」、この②の一節は私の「システム」の概念と同一と判断したものであった。だが彼の次の一節「自然とは具体的実在より主観的方面、即ち統一作用を除き去ったものである。それ故に自然には自己がない。[10]」という考えには同意できなかった（後に一種の自己があると述べているが）。思うに自然にセルフ（自己）がないとすれば、神の導入が究極的に必要となり、また彼の絶対的という言葉には疑問を持っていた。

しかしながら、彼の形而上学の「絶対矛盾の自己同一」という概念は主観や客観、精神と物質の統一を達成しようとする知的営為と判断し、開放システム、情報、エネルギー、エントロピーの法則の導入によって、新たな解釈ができると考えたのであった。その結果、彼の「絶対的矛盾の」を「自己安定的・自己組織的」に、「自己同一」を「システム」に再解釈を行うことによって、「自己安定的・自己組織的システム」の形成に役立てたのである。システム哲学では、「絶対的矛盾」はむしろ新しいレベルの創発にとっての不一致の一過程であり、しかも「自己同一」は、エネルギー的「もの的世界」と情報的「こと的世界」として分けられなく、むしろ究極的真実在は、この両者が混在している状態で、エネルギーと情報の総合体としてのシステムであり、相補的、関係的存在で、しかもフィードバックループによって結合した存在と規定したのである。かくして西田幾多郎がどこまでも二元論世界から脱却できない限界性を「システム」概念を導入することによって、一元的多元論（ホワイトヘッドの「現実的実質」と同じ）の今日的世界観が実現できたのである。この世界観はどこにも中心がなく、多中心主義をとる立場になっている。この世界や社会に中央や中心があるという考えは、万物流転の過程思考にそぐわない観念および論理上の結果である。システム的存在者に、中心がないのである。

ホワイトヘッドと西田幾多郎は、システム哲学に、形而上学上の統合性と部分的整合性の総合のあり方を教示してくれたのであった。文明の発展か衰退かのいずれかは、それと部分的整合性の一致、不一致のすき間に起こってくるものである。

二、A・N・ホワイトヘッドの知から外れ、文明の破壊者になってきた米国

米国には、一九七〇年代から、研究、会議などの目的で訪問する機会があったが、一九八〇年代に入ってからその機会が多くなった。多くの米国人に「米国とは何か」と聞いてみたが、その正体はいまだ解明不能だ。私は米国はデパートと同じく、場所を貸すテナント募集型の自由市場提供国、つまり「はい、自由の国、米国へいらっしゃい、い

らっしゃい。ここで何をしても良いですよ。金もうけのためになら」といったところである。ホワイトヘッドもそのテナントの一人として米国にきたのだ。夢にまでみた自由の国、米国、そして多くのボートピープルや移民が理想の自由の国に着いてみると、そこは正に幻想の国であった、というのが本当の現実的米国である。米国の人々には社会に関する哲学はなく、社会の統合性などは考えたこともないといったところである。金もうけの策略だけがあると知った方が良いであろう。

この一年(一九九三—九四年)、米国を拠点にして、東南アジア、南アジア、ヨーロッパ(旧東を含む)、中南米に行く機会があった。金もうけや経済の発展も必要だが、それよりも社会や国家とは何かといった根本的な哲学の建設が先のような気がする。何事も武力で抑えつけるといった発想は、必ず破綻するとみてよいであろう。というのも多くの米国の研究者は、この抑え付けるハードライン、強硬派支持が非常に多いということだ。南カリフォルニア大学、その他、東部の二〜三の大学で、最近の米国の研究水準を直接みて、判断できるからだ(極く少数の健全な研究者もいるがあまりにも少数派だ)。

多くではないが、数十名の教授と、アジア・太平洋論、世界秩序、経営論、日米貿易摩擦について議論してみた。その議論はすさまじいものといってよい。ある教授とは、あまりにも無知で「これ以上説明しても無駄だ」と私にいわれて、驚いていたが、しかし彼は自分で研究、調査したのではなく、テレビ及び新聞の論調、ワシントン特別区からの発言を真実と信じて、彼自分の知的不毛さをかくすために、結局、強硬派を任じているだけだというのが、本当だ。彼との議論で察したのだが、この米国は少数派を尊重する民主主義の国などといっているが、実は米国主流のホワイトのなかで大きな流れに反した正しくても少数派になるのは避けたいという心理が働いているとみた方がよいということである。また米国の教授は意外に批判的攻撃に弱いということも知った。彼には、延々と主張し続く議論のなかから、私のことはホワイトヘッド哲学やシステム哲学で知的武装をした新しいタイプの日本人がやってきたと映ったであろう。これまでの「3S」(スリーピング、サイレント、スマイル)タイプの人間ではない新しい日本人であることは確かである。米国の大学構内で会う日本人留学生も、最近の米国の教授の講義内容と日本たたきのやり方には、怒りを表わしていることからみても、日米双方が本格的に自国の社会に目を向けて、社会建設の方程式を考える時代に入ったと思う(ただし私は、どんなに議論しても、最後に第二次世界大戦後の米国の日本支援については感謝していると述べている)。

思うに二一世紀の新しい文明の創造については、過去のこととは別問題で、大いに日本からの知的、哲学的発信をすべき時であると思う。というのも、あまりにも今の米国には、単純明快だが金もうけと武力による世界支配以外に、もうテーマがないといった感じがするからだ。

一九九四年六月、ワシントン・DCのウッドロー・ウィルソン・センターから招待された国際会議「先進工業社会における民族紛争と問題」に参加し、「日本における民族問題と人権」について発表した後で、ひそかにボストンのホワイトヘッドの住んだ空気を吸いに立ち寄ってみた。六月のボストンはやはり美しい。自然の美しさに比して、米国のおぞましさのみが目に付く旅であった。ニューヨークをみても、シカゴやロスアンジェルス(私の造語、ロスト・アンジェルス)をみても、ボストンやニューハンプシャーの森以上の美しさはどこにもなかった。米国の凋落は早いと感じた。

ホワイトヘッドは、ハーバード・ビジネススクールの協力者に入る一人であるが、彼は「予見について」(On Foresight)という題目を同ビジネススクールで講義した。[11] このなかで、彼は「日常性」(ルーティン)について述べ、これと「理解」(アンダスタンディング)を対比して、前者、すなわち「日常性」をより基本と考えている。もし昆虫社会であれば、この「日常性」のみで生存が可能であるが、しかし人間の場合は、「理解」する能力を得ているために、未来についてより正確に、出来事や状況を把握しようと活動し、ここから進歩(プログレス)が起こってくると考えている。[12] もちろんホワイトヘッドの理解を深めての人間の行動の予見性を昆虫社会と違うレベルのものと考えるのは、ごくあたりまえのことであり、問題は、その理解によって判断される予見が、正しい場合と誤ってしまう場合があるということである。この点についても、ホワイトヘッドは、いろいろ吟味しており、西欧文明の進歩を正しい理解と予見に基づいて、現代(彼の時代まで)まで進んできたものと判断している。だが、彼は商い(コマース)を人間活動の一部と規定し、さらにビジネス世界を共同体の主要な部分と設定した上で、「レベルの低い思考は、レベルの低い行動を意味し、販売促進した後の馬鹿騒ぎは低いレベルの行動に入り、そのような行動は、生活水準の低さを表わしたもの」で「質量共に、共同体の一般的偉大さを表わす第一条件は、恒常的繁栄、快活さ、自活、深遠なる信頼感である」と論じている。[13] 彼は、商売上の馬鹿騒ぎからそのような偉大さは、得られないと見抜いていたのである。

今日の米国について、文明(後で検討する)論的立場に立ってみると、金もうけと武力による世界支配(この両者は密接に相互関連している)以外にテーマがないということは、ホワイトヘッドのビジネスの規定から外れていると指摘できる。すなわち多国籍企業中心でＮＡＦＴＡ（北米自由貿易協定）によって、金もうけはできても、米国内の産業の空洞化が進み、各州の共同体は崩壊し、恒常的繁栄はごく一部（米国籍で日本でビジネスをしているＢ・トッテンによると、全人口の一％のための繁栄）、快活さどころか日本や東南アジアにおどしをかける態度、自活どころか金もうけのために武力を使ってでも介入してそれを得ようとする名目上の自由市場キャンペーン、深遠な信頼感どころか、シンガポールで米国籍の少年フェイ君の秩序違反に対する大統領による介入など、もはや米国はどこに行ったのかといった感がする。世界の指導者としての哲学の欠如が、米国の衰退と、凋落を明らかなものとしている。二一世紀には、米国内から一％の支配者に向かって、反乱が起こってくるかもしれない状態である。この意味において、自国の問題解決に向かうべきだと指摘しておきたいのである。

三、文明の凋落に気がつかない米国

もう少しホワイトヘッドの文明論にそって、米国の文明の凋落もしくは墜落（Crash）について、これがもはや、ハッチントン氏がいう衝突（Clash）ではないということを論じてみよう。彼ハッチントン氏に対しては、米国の文明が衝突すればするほど、米国の文明が凋落して墜落して行くということを結論として、日本のホワイトヘディアンからの贈りものにしたい。

ホワイトヘッドは、文明（Civilization）を次の四つの要素から構成されるものと言明している。すなわち、第一に、行動のパターン、第二に、感情のパターン、第三に、信念のパターン、第四に、技術である。(14) これら四つの要素は、相互に関係し合っているものと指摘した上で、第一の行動のパターンは、長期的には、感情と信念のパターン双方によって、支えられると同時に、また修正もほどこされると述べている。そして行動のパターンは、感情と信念に集中するための宗教の第一義的ビジネス（仕事）であると論じている。宗教は、文明を豊かにするばかりではなく、ある場合には、文明を破壊してしまう程の野蛮さを持ち合わせているが、しかし一般的には文明の統一《ユニティ》のためにあって根本に位置する偉大な社会的理念に係っているものだと述べている。彼ホワイトヘッドは、この宗教という場合、どちらかといえば、キリスト教の線上で議論していることが明らかである。また技術については、文明の発展にとって必要なものであるとし、商業《コマース》の拡大の視点から手短に述べているが、しかし深い論及はしていない。

ここでホワイトヘッドの文明の四つの要素について改めて論じてみよう。というのは、ホワイトヘッドの文明の規定が少し問題があるのではないかと思われるからである。すなわち彼は、文明という考え方は、非常に当惑を呼ぶもので、文明化した人間、文明化した社会などと使うし、またこれが文明化し、あれは未開だとも使い、ある所で文化とも使っており、[15] 全体として、彼が文明として考えていることを分けて、技術を除いて、文化と定義しなおした方が良いと考えられるからである。すなわち彼が『観念の冒険』の第四部「文明」のところで論じている「真」「美」「冒険」「芸術」「平和」は正しく、システム哲学の人間および人類の価値志向システムとしての文化と定義できるからである。

英国経験論の系譜は、独国観念論のそれと違って、文明と文化の区別をしないのかもしれない。ホワイトヘッドのそれらの不明確さと同じく、ハッチントン氏の「文明の衝突」という論文についても同じことがいえる。ホワイトヘッドがあげている文明の四つの構成要素のうち「行動のパターン」「感情のパターン」「信念のパターン」は、人間の心および内的世界に係る概念であると再定義し、そしてそれら三つのパターンは人間の価値に係るシステム、すなわち価値志向システムであると定義しておこう。またホワイトヘッドの文明を構成する四つ目の「技術」を、人間及び人類の精神や心ではなく、それらによって規定される外的世界に係わる概念であり、技術のみならず、科学をも含めておくことにしよう。すなわち文明とは科学・技術という一般化された側面（人間の作り出す道具的側面）と、文化というより特殊な側面（人間の作り出す価値的側面）によって構成され、特殊な側面を持つ文化が、その特殊性である故に、より一般性を持つ科学と技術に影響を与え、またその一般性を持つ科学と技術が、より特殊性を持つ文化にも影響すると考え、これらの相互作用によって、その文明の進転状況が判断されるものと考えた方がよいと思う。繰り返すならば、文明は、文明開化（文化）と科学・技術によって規定されるという考え方である。

　システム哲学によれば、文化は価値志向システムとなる。このなかにホワイトヘッドの「信念のパターン」に集約される「行動のパターン」「感情のパターン」が明らかに含まれる。というのは、システム哲学によれば、なぜ文化は価値志向システムになるのかについて論及することによってその理由が明らかにされよう。このシステム哲学的意味での文化は、七つの構成要素から成立している。

　第一に、価値あるものは社会化されるということ。日本の茶の文化が価値ある文化としているのは、茶の持つさまざまな特性に価値を認め、広く日本社会のなかで認められ、普及していること、つまり社会化されるということである。

第二に、社会化される価値ある文化は、人々によってさらに広く習慣となって定着し、人々によって学習されていくということである。学習されればされる程、また社会化していくのである。茶の文化は、全世界に各々の特性を保持されながら普及し、社会化されて、そして特徴ある文化を形成し、学習されている。英国の紅茶の作法と日本の茶道の作法の違いは、地域による文化の特殊性をよく表わしている。

第三に、価値ある文化は、人々によって学習され、結果的に人々を通じて伝達されるということである。伝達され、学ばれ、人々の心を通じて深化し、洗練されて美しいものになっていくのである。

第四に、価値ある文化は理念化されるものだということ。日本の茶道の場合、そこに茶道の先生がおり、その先生は茶の道についての哲学、すなわち理念としての茶道と茶を飲む方法、どのようにして飲むことが最も合理的であるのかという飲む時の温度などの科学的方法を統一的に教示するのである。ここに哲学と科学が統一した形式で理念化されていると考えられる。したがって多くの人々によって茶道というのは学習され、伝達され、広く社会化してきたものと考えられる。

第五に、価値ある文化は、人々の欲求を充足させるものであるということ。なぜ人々は、茶道を忘れることなく学び続けるのであろうか。それは、茶道の先生の理念化された哲学と茶を科学的、合理的に入れることによって飲んだ時のある味覚によって満足という欲求充足と、さらに茶そのものの、多分、茶の体への充足、すなわち生命の存続に貢献する作用、体の生存に関係あるものと考えられる。システム哲学的に考えてみると、人間の認識システムである心の満足と人間の自然システムである体の生存という両価値に対して、茶は貢献しているということになるのである。そのことによって茶道は、人々の欲求を充足し続け、人々に伝達され、学ばれ、広く社会化され続けていると考えられる。

第六に、価値ある文化は適応的であるということである。茶道は人間が自然と共に生きていることを教えてくれるものである。もし茶道が自然と人間の関係を敵対的な関係として捉えているならば、茶室は自然と人間を遮断することになり、自然と人間が対決することになる。日本の茶道は、自然と人間の適応を茶を通じて教え、茶室は正に自然のひとこまであることを教えている。ニューヨークで日本食を楽しんでいる米国人がコーヒーではなく、日本茶を求めている様子をみていると、茶は日本食とともに自然を教えて、日本文化の適応能力の強さを自然に教えているものと感心することがある。彼らも多分、茶は体によいと会得しているのかもしれない。やはり価値ある文化としての日本茶や日本料理は常に体の生存に役立つ以外にも心の満足に貢献しているのであって、適応力の高い文化が価値あるものとして普及し、伝達し、学習され、広く社会化されていくものと考えられる。

第七に、価値ある文化は、統合化されているということである。茶道の場合でも、茶の先生と生徒、先生を通じて茶を楽しみながら自然の全体性と人間の部分性についての理解は、茶を通じての自然と人間の統合性を教えているものである。さらに茶道は明らかに理念化されていることから、自明のこととして、そこには、統合性を含んでいるものである。もし茶道に統合性がなく、ばらばらのものであったならば、決して伝達もしないであろうし、学習もされなく、理念化もされなく、適応力もなく、広く社会化されることもなかったであろう。このように価値あるものは、まとまりも持っていること、すなわち、統合的になっているということが極めて大事なのである。逆に統合化されない文化は人々のものとならないで、消え去っていくものだということである。

以上のことから文化は価値的側面や目的的側面を具現化しているもので、科学や技術は、それらの価値的、目的的側面を具体的に実現していく手段的側面を表わしたものであるといえる。

ホワイトヘッドの文明の四つの構成要素である「行動のパターン」「感情のパターン」、「信念のパターン」そして「技術」は、前者三つが文化に集約することができ、ホワイトヘッドですら前者三つは「信念のパターン」に集約できるとしていることから明らかに宗教と関係があり、宗教は人間の価値的、目的的意味を具現するものであるといえる。残り一つの「技術」は、科学・技術と規定され、前者の目的的、価値的意味を具体的に実現していく手段であると考えられる。このことから目的(文化)と手段(科学・技術)に相互関係があり、目的が手段となり、手段が目的となり、相互に繰り返し文明が進んで行くのである。

米国の文明の凋落もしくは衰退は、文化の側面にあるということ。この文化が以上述べた七つの特性が相互に作用し合って文化的統合がなされていなく、バラバラになっていることによる(以前米国の文化を文化がまざり合うとしてメルティングポットといっていたが、最近はグリーンサラダのようにまざり合わないままとしてサラダボールといっている)。したがってそのバラバラの状態を何らかの方向付けをするために強い力、すなわち究極的には軍事力が必要となってくるのである。米国の衝突の増加が結果的に文化の分裂に結び付き、文明の凋落に結び付いていくのである。

註と引用文献

（1）参照、廣松渉「日本の哲学会は今?」『理想』六四八号、一九九二年
（2）Alfred North Whitehead, *Process and Reality*, New York: Free Press, 1978.（日本語版『過程と実在（上）（下）』山本誠作訳、松籟社、一九八四年）
（3）ホワイトヘッド『科学と近代世界』上田泰治・村上至孝訳、松籟社、一九八一年
（4）伊藤重行『日本からの新しい文明論の波』勁草書房、一九九五年
（5）参照、より詳細には、伊藤重行「出来事・有機体・現実的実質とシステム」『プロセス思想』創刊号、行路社、一九八五年
（6）Alfred North Whitehead, *Process and Reality*, New York: Free Press, 1978.（日本語版『過程と実在（上）（下）』山本誠作訳、松籟社、一九八四年）、三五—三六頁
（7）フォン・ベルタランフィ『一般システム理論』長野敬・太田邦昌訳、みすず書房、一九七四年
（8）西田幾多郎『善の研究』岩波文庫、一九九三年、六八頁
（9）西田幾多郎『善の研究』岩波文庫、一九九三年、八六頁
（10）西田幾多郎『善の研究』岩波文庫、一九九三年、一〇〇頁
（11）後にそれは『観念の冒険』所収。参照、ホワイトヘッド「予見」『観念の冒険』山本誠作・菱木政晴訳、松籟社、一九八二年、第六章
（12）Alfred North Whitehead, *Process and Reality*, New York: Free Press, 1978.（日本語版『過程と実在（上）（下）』山本誠作訳、松籟社、一九八四年）、一一五頁
（13）Alfred North Whitehead, *Process and Reality*, New York: Free Press, 1978.（日本語版『過程と実在（上）（下）』山本誠作訳、松籟社、一九八四年）、一二四頁
（14）Alfred North Whitehead, *Process and Reality*, New York: Free Press, 1978.（日本語版『過程と実在（上）（下）』山本誠作訳、松籟社、一九八四年）、二一九頁
（15）Alfred North Whitehead, *Process and Reality*, New York: Free Press, 1978.（日本語版『過程と実在（上）（下）』山本誠作訳、松籟社、一九八四年）、三五二頁

参考文献

A・N・ホワイトヘッド『過程と実在（上）（下）』山本誠作訳、松籟社、一九八四年
A・N・ホワイトヘッド『科学と近代世界』上田泰治・村上至孝訳、松籟社、一九八一年
伊藤重行『日本からの新しい文明論の波』勁草書房、一九九五年
西田幾多郎『善の研究』岩波文庫、一九九三年

第二部　ホワイトヘッドを越えて

第七章　A・N・ホワイトヘッドとシステム哲学の系譜

本章では、A・N・ホワイトヘッドの哲学とシステム哲学の特徴を抽出し、それらの共通性、異質性を明らかにすることを通じて両者の概念比較をすることを企図している。このような比較はまだ世界のホワイトヘッドの研究者によってなされていない。

その概念比較をするにさきだち「システム概念を巡る諸相」として、システム概念に関して、つぶさに研究してみると、機械論的、要素還元主義的に解釈するシステム論と全体論的、有機体論的に解釈するシステム論の二つの流派があるが、いずれの流派もこれまでの哲学、科学の知的歴史の延長線上にあることが理解される。しかし、システム本来の意味は、前者に比して後者のシステム論の主張に近いが、両派ともさらにこれを乗り越えようとしていることは明らかである。つぎにシステム概念を巡って一九三七年に焦点を合わせて、ホワイトヘッド、バーナード、ベルタランフィ、ウィーナー、ラズローらの見解にふれる。そのとき彼らが世界を組織とみなしているという共通点を発見することができる。

一、システム概念を巡る諸相

システムを研究しているといろいろな見解を持つ人、またいろいろな主張の書物に出会うものである。ある人はシステムという言葉を聞いただけで「人間や自然を徹底的に管理・支配し、あたかも人間を機械の歯車と化し、人間の自由、尊厳、希望、感情などを無に帰してしまうもの」という見解を述べる。またある人は「それは二つ以上の要素からなり、それら相互の間に機能が定められ、そして目的を持っているものである」と強調する。私は、前者の言明から、それがシステムという名称で作られた巨大な人工物（人工システム）が、人間に向って押し寄せてきている現在の機械文明に対する警告であり、人間性回復の願いを込めていると同時に、システムという概念に対する意味論的疑念を提起しているものと理解している。後者の言明に対しては（実に数学的に整理され整然としているが）その程度に定義されたシステムでは、研究者の目的に合わせて制作されるシステムとしては好都合であっても、あまりにも単純化されており、もう少し宇宙的自然（自然システム）に配慮し、謙虚な態度を持つべきであると述べることにしている。以上述べてきた二者の言明は、結局のところ、システムとは機械のようなものという思考を巡って起っているのである。とくにそのなかでも、後者の思考形態を突き詰めてみると、そこにはあらゆる存在を機械と見立てる「機械論的世界観」を見い出すことができる。その一方で、「システムとは機械ではなく、有機体のようなものである」と言明する人もいる。たしかに有機体か機械かという対置の仕方をとれば、どちらか一方の立場に立って主張してしまうことになろうが、視野を宇宙まで広げると同時に、自然史的視角を導入してみると、たんに機械的、加算的、分析的、反応的なものとしてのシステムに還元することができない。そうではなく、むしろ全体的、能動的、秩序的、組織的、目的的、創造的なものとする、いわば有機体的な捉え方の方が理に適っているように考えられる。このような思考形態を突きつめてみると、そこはあらゆる存在を有機体に見立てる「有機体論的世界観」を見い出すことになろう。[1]

システムという概念の由来は、最近のことではなくギリシャ時代まで遡ることができる。ギリシャ語でシステムとは、「一緒になって在るもの」「共になって有るもの」という意味である。ところで今日の段階ではギリシャ語的意味を持ったシステム概念を単純に機械的システムと有機体的システムに分割し、その一方だけをシステムとして主張できるものではない。最近の科学・技術の発達によってもたらされた自動機械（ロボット、コンピュータなど）は限りなく有機体に近づいてきているが、その一方で、有機体である犬、猫、牛馬の人間による家畜化、稲、麦、野菜類の人間による栽培化は限りなく機械に近づいている。今日、システムについて論及する場合、それらの両面特性を導入し、統一したものとして捉える必要があると考えられる。それはあらゆる存在をこの意味で捉える「システム論的世界観」の成立と思考である。このような思考の成立に寄与した科学者、哲学者は多くいる。それらのなかで、とくにA・N・ホワイトヘッド（Alfred North Whitehead 1861-1947）、C・I・バーナード（Chester I. Barnard 1886-1951）、L・フォン・ベルタランフィ（Ludwig von Bertalanffy 1901-1972）、N・ウィーナー（Noebert Wiener 1894-1964）、E・ラズロー（Ervin Laszlo 1932-）の研究・主張を考察してみよう。とくに「一九三七年」という年は、そのような思考の成立を巡って彼らの主張がこの地球を駆け巡っていたのであった。

二、一九三七年のホワイトヘッド、バーナード、ベルタランフィ、ウィーナー、ラズロー

学問上の歴史、すなわち知的情報にも一定の方向性を持った躍動する流れがあるように思われる。その流れのなか

で、一九三七年は、システム、組織、有機体などを研究する者にとって注目すべき年であろう。日本は日華事変を起し、中国大陸への侵略を正当化していくとともに第二次世界大戦へと進み始めた年に当たる。世界もまさに軍靴と機関銃の音をとどろかせ、戦争という暴力が蔓延している時であった。このような狂気の時代の背後に隠れるかのように、新時代の思想が発酵していたのである。その舞台は米国であったが、そこで新たな世界、自然、人間、社会の認識を提示した年が一九三七年であったのである。

一九三七年という年を振りかえってみると、有機体の哲学の建設者A・N・ホワイトヘッド（数学者、科学者、哲学者）[2]は、米国ハーバード大学で定年前の最終講義を行っていたと同時に、C・I・バーナード（実業家、経営学者）は、A・L・ローウェル、L・J・ヘンダーソン、A・N・ホワイトヘッド、メーヨーらの好意によって、ハーバード大学で彼独自の経験を通じて、熟成した経営組織および経営管理論の講義を始めた年であった。[3]彼、バーナードは、A・N・ホワイトヘッドに関し、一九四五年五月一一日のハーバード・サイモンへの書簡のなかで、観念的哲学化の重要性を述べている。「それは概念の形成における必要なプロセスであります。A・N・ホワイトヘッドが実にたくみに述べているように、理論がなくたんなる事実だけではどこにも到達できません。理論なしでは、どの事実が関連的であり、証拠となりうるかを決定するための基盤がないからです。[4]」と。また『経営者の役割』という著作の脚注で「以下のいくつかのパラグラフで述べる表現形式と概念とは、一般的にいって、ともにA・N・ホワイトヘッドの『過程と実在』より由来し、あるいはそれに影響されていると私は思っている[5]」と述べている。さらに彼は、「組織理論にとって最も重要な観念的な基礎を提供するものはホワイトヘッドの『過程と実在』である。この著作は、思弁哲学および形而上学における意義深い研究であり、宇宙と現実についての基本的な有機的哲学を提示している。私の提示する組織理論は……少なくとも類推的にはホワイトヘッドの研究に一致するものである。さらにもし彼の哲学が受け入れられるならば、健全な組織理論……はそれに従うものとなるであろう」[6]と述べている。このようにC・I・バーナードの思考とA・N・ホワイトヘッドの思考にはものごとに関する認識の共通性を見い出すことができるのである。また同じ一九三七年、A・N・ホワイトヘッド、C・I・バーナードと相互の交流もなかったオーストリア在住のL・フォン・ベルタランフィ[7]（生物理論家、一般システム理論家、哲学者）は、学問上の歴史の流れを先取りしていたために、というよりも世間の評価を受けていなかったために、なにか心に重いものを抱いていたが、それでも米国シカゴ大学に招待され、未評価の一般システム理論を最初に展開した年であった。[8]オーストリアに住んでいた彼は遠く離れて米国にいたホワイトヘッドの存在と彼の哲学については熟知していた。彼は、つぎのように記している。「ホワイトヘッドがまちがいなく強調したように、原子も結晶も分子も組織なのだ。[9]」と。また「数学者ホワイトヘッドの『有機的機械論』は、分子の盲目的な動きという仮定も生気論をも越えたものである。真の実在はすべて『有機体であって、そのなかでは下位のシステムの特質が全体の骨組みによって影響を受ける。この原理はまったく普遍的であって、生きものに特別だというわけではない。現代物理学に従って、原子も一種の有機体とみなされるようになったが、物理学でのその概念の変遷に従って、科学は純粋に物理学的でもなければ、純粋に生物学的でもないような新しい局面に触れあうようになる。すなわち科学はいまや有機体の研究の段階に達する。生物学は大きい有機体の段階であり、物理学は小さい方の段階といえよう。[10]」と述べた上で、彼は新たな認識の発見を力強くつぎのように記している。「来るべき歴史家が私たちの時代を記述したら第一次世界大戦以来、世界、生命、精神ならびに社会に関して、本質的に一致するような見解が、科学のどの分野たるとを問わず、またどの国たるとを問わずにうち立てられてきたことを、もっともいちじるしい現象の一つに数えることだろう。いつでも同じライト・モチーフが発見される――

全体性の認識、準位ごとに新しい法則性をそなえた組織の認識、実在と実在の内部の矛盾関係が動的性格をもっていることの認識」[11](傍点―筆者)と。このようにL・フォン・ベルタランフィの世界認識は、ホワイトヘッドのそれと共通している。しかも彼がみずから完成させた一般システム理論を、当時、論理実証主義派の優勢であったシカゴ大学を中心とするシカゴ学派の場で行ったということは記念碑的出来事といっても過言ではあるまい。

一方、サイバネティックスの創始者、N・ウィーナー[12]は、その頃マサチューセッツ工科大学で日華事変に深い衝撃を受けていたのであった。ところが、そのN・ウィーナーはその年から約二〇年前、直接的にはバートランド・ラッセル(彼はケンブリッジ大学でホワイトヘッドの弟子で、一九四一年にハーバード大学でホワイトヘッドの研究を援用して「外界に関するわれわれの知識」という題の講義をしていた)の直弟子であったが、ケンブリッジ大学からロンドン大学に移ったホワイトヘッドを訪ねて教えを受け、ハーバード大学に帰った後(この時、ホワイトヘッドは在ロンドン大学、一九二四年以降ハーバード大学)に、彼が最初に講義した内容はホワイトヘッドの研究に関するものであった。後日、彼はつぎのように語っている。「私が選んだ講義題目は、アルフレッド・ノース・ホワイトヘッドの業績に関するものので、私の講義の内容は数学がどのようにして論理的構成の過程によって基礎づけられるかを示すことであった。ホワイトヘッドは、そのような方法によって種々の数学上の学派、すなわちポステュレーショナリスト(仮説主義者)たちが任意ともいえる形式的仮定の結果として求めていた性質を与えうることを実例によって示したのであった。例えば、点をふつうの数学用語で言えば、その含んでいると言いうるすべての領域の集合として表現することを考えついたのはホワイトヘッドであった」[13]と。この引用文から、N・ウィーナーがホワイトヘッドから何を学んだかは、つまびらかではないが、彼は数に対する仮説主義ではなく、構成主義の方法を学んだのである。[14]この方法が、後日彼に人間の脳波、神経学など、人間の生理の研究を通じた時系列と呼ばれる統計理論を打ち立て、それが機械と人間のフィードバックの相似関係に注目する引金になり、最終的にサイバネティックスという旧来の機械(エネルギー連結だけ)ではない新しい機械(情報連結をするもの)を理論的に完成させたのである。[15]

だがこの新しい機械の理論的究明の背後に、彼はつぎのような世界認識を持っていたということを見逃してはならない。それはまず組織という観点で「一切のことが必然であって何事も偶然ではない世界では、組織という概念は無意味になってしまう」[16]、「組織とはいくつかの構成部分の間に相互依存があり、しかもこの相互依存にはいろいろな程度の差があるものだということを考慮しなければならない。ある内部的な相互依存は他のものよりも重要であるにちがいない。このことはいいかえれば、その系のあるいくつかの量を決定しても他の量には変化の余地が残されていることである。」[17]と。この考え方が情報の不完全さに結び付き、さらに自分のスペクトルの問題から古典的な解釈学ではどうにもならない情報の不規則性に直面し、そして「不規則ということに対する新しい観点と宇宙の本質的な不規則性について新しい概念を構成した」[18]と語ることになり、この世界や宇宙を不完全なものであると措定することになったのである。こうして、彼はわれわれ人間も不完全とみる。それは、人間の精神活動に関する以下の言明に端的に示されている。「論理や学習やその他すべての精神活動は閉じた完全なものとしては頭に描くことができず、人間が自己をその環境と合一させてゆく過程としてのみ理解することができる」[19]と。そして彼は、結局のところ「われわれは組織の解体の大奔流にさからって泳いでいる。そしてこの奔流は万有を熱力学の第二法則が示す熱の死滅、すなわち万物の平衡と斉一の状態へ向って押し流している」[20]ので「われわれのなすべき第一の仕事は自由意志による秩序と制度(体系)の飛び領地をつくることである。これらの飛び領地はひとたび樹立されれば、それ自身のはずみによっていつまでもそこに留まってはいない。[21]」と述べ、「サイバネティックスの立場からみれば世界は一種の有機体であり……過程の世界であり、知識は生命の一つの面である……生命とは永遠の形相のもとにおける存在の過程ではなく、むしろ個体とその環境との相互作用である。[22]」と結論付けるのである。この結論にみられる「生命とは永遠の形相のもとにおける存在の過程ではない」という点は、ホワイトヘッドとは異なるにせよ、新しい機械論の創始者であるN・ウィーナーの世界認識が、いかにA・N・ホワイトヘッドの認識に共通しているかが理解されるであろう。今日単純に機械論と有機体論として分割できない理由がここにあり、新たにシステム論を提起する意味もそこにあるのである。

最後は、アーヴィン・ラズロー(Ervin Laszlo)である。[23] 一九三七年の彼は、ハンガリーのブダペストに一九三二年に誕生したからまだ五歳であった。彼は革命続きの混乱した国にあって、五歳からピアノ教授であった母からレッスンを受け、六歳で「フランツ・リスト音楽院」に入学、E・V・ドハナーニに師事、一四歳でジュネーヴ国際音楽コンクールでグランプリを受賞、その後、米国に亡命、一流ピアニストとして世界各国で演奏活動をし、H・バァウアー、R・ゼルキソ、W・バックハウスらとも共演した。[24] ピアニストとしての彼をここで取り上げるのは奇妙であると思う読者もあろうが、それは私が彼の哲学の下地を作っているのが、その感性であり、またそれが現在の発展に結び付いていると思っているからである。たしかに彼は、世界的なピアニストであったが、その一方でホワイトヘッドの研究家でもあった。そしてフォン・ベルタランフィの一般システム論を継承し、それを総合化するとともにホワイトヘッドの哲学を批判的に発展させ、今日、システム哲学のパイオニアとして世界的に活躍しているのである。彼は現在、研究の場を国連に置いているが、彼の一連の学的、社会的活動をみると、ホワイトヘッドが希望しながらも果たせなかった世界平和の達成にエネルギーを投入しているように映る。[25] 彼は、ピアニストとして活躍する一方、いろいろな大学で哲学を学び、結局、「私はホワイトヘッドに出会った。彼の有機体の哲学の中に自らが考え抜いてきた問題を解き明かす回答をみつけた[26]」のである。しかし彼は、「ホワイトヘッドは啓発的であったが、究極的回答ではなく、神、純粋可能態、概念的把握と連関諸概念など、それらのなかには別の解決を許すようなあいまい性があって、彼の究極的諸原理は未解決であり、さらに科学的情報の集積が今世紀前半で終止したわけではなく、その後もテストされた知識が蓄積していることを考えれば、私はホワイトヘッド的総合を再度行うべきであるという結論に達した[27]」と述べている。結果的に、彼はホワイトヘッドの研究および批判書を合計四冊上梓していることは注目に値する。[28] その後、彼はイェール大学の研究員であった時に物理学者のF・S・C・ナースロップ（F. S. C. Northrop）、およびH・マーゲナウ（Henry Margenau）を通じて、フォン・ベルタランフィを知ることとなったが、彼は、フォン・ベルタランフィを生物学者ではなく、むしろ総合的哲学者であると理解した。そして「ホワイトヘッドの有機的総合は〝有機体〟の観念を越え、さらにプラトン的諸関連の変化する自然環境をバックグランドとしてもち、しかもそれとは区別される動的で自己存続的〝システム〟の概念に置き換えられるが、それが一般システム理論的総合によって更新できるということが分かって驚嘆した[29]」のであった。その結果彼は、新たな総合に立ち向い、システム哲学をプラトン、アリストテレス、中世のスコラ的形而上学、ベルグソン、ロイド・モーガン、サムエル・アレキサンダー、ホワイトヘッドの現代の過程哲学を継承するものと位置付け、「システム哲学はこの継承のなかにあって論理的につぎの段階にある哲学である。それは、自己構造化する自然の究極的現実態である不変の諸システムからなる非分割的で、階層的に分化した領域内で、はかない諸過程をとりながらも持続する宇宙という概念を再統合するものであり、そのためのデータは経験科学から取り、その諸問題は哲学史から出てきており、その諸概念は現代システム研究からのものである」[30]と記している。以上のE・ラズローの思考に沿った線に、最近ソ連の数名の研究者[31]も現われている。結局のところ、それはホワイトヘッドおよびフォン・ベルタランフィ、N・ウィーナー、C・I・バーナードが世界認識の基本に措定した「世界を組織としてみる」点に共通性があると集約されるであろう。二〇世紀から二一世紀にかけての新思考は、人類の未来の希望として、組織、生命、有機体、機械、システムの本質を究明し、それに支えられた哲学によって切り拓かれるであろう。一九三七年という年は、そのための知的実験の年であったように思われるのである。

註と引用文献

(1) Ervin Laszlo, *Systems Science & World Order*, Oxford: Pergamon Press, 1983, pp. 3-23; pp.99-111.
(2) A・N・ホワイトヘッド『科学・哲学論集（上）』井上健他訳、松籟社、一九八七年、第一部、第三部
(3) 飯野春樹編『バーナード経営者の役割』有斐閣新書、一九七九年、一〇頁
(4) W・B・ウォルフ『バーナード経営学入門――その人と学説』日本バーナード協会訳、ダイヤモンド社、一九七五年、一一一頁
(5) C・I・バーナード『経営者の役割』山本安次郎・田杉競・飯野春樹訳、ダイヤモンド社、一九六八年、二〇五頁（原著 *The Functions of the Executives*, Cambridge: Harvard University Press, 1966）
(6) W・B・ウォルフ『バーナード経営学入門――その人と学説』日本バーナード協会訳、ダイヤモンド社、一九七五年、一二〇頁
(7) L・フォン・ベルタランフィ『一般システム理論』長野敬・太田邦昌訳、みすず書房、一九七四年、全頁
M・デーヴィドソン『越境する巨人・ベルタランフィ』鞠子英雄・酒井孝正訳、海鳴社、二〇〇〇年、全頁
(8) L・フォン・ベルタランフィ『一般システム理論』長野敬・太田邦昌訳、みすず書房、一九七四年、八十八頁
(9) L・フォン・ベルタランフィ『一般システム理論』長野敬・太田邦昌訳、みすず書房、一九七四年、四十二頁

(10) L・フォン・ベルタランフィ『生命 - 有機体論の考察』長野敬・飯島衛訳、みすず書房、一九八三年、二一一頁
(11) L・フォン・ベルタランフィ『生命 - 有機体論の考察』長野敬・飯島衛訳、みすず書房、一九八三年、二〇七頁
(12) N・ウィーナー『サイバネティックス』池原止戈夫他訳、岩波書店、一九六八年、全頁
(13) N・ウィーナー『サイバネティックスはいかにして生まれたか』鎮目恭夫訳、みすず書房、一九五六年、一二頁
(14) N・ウィーナー『サイバネティックスはいかにして生まれたか』鎮目恭夫訳、みすず書房、一九五六年、三〇頁
(15) N・ウィーナー『サイバネティックスはいかにして生まれたか』鎮目恭夫訳、みすず書房、一九五六年、二〇一―二〇五頁
(16) N・ウィーナー『サイバネティックスはいかにして生まれたか』鎮目恭夫訳、みすず書房、一九五六年、二二九頁
(17) N・ウィーナー『サイバネティックスはいかにして生まれたか』鎮目恭夫訳、みすず書房、一九五六年、二二九頁
(18) N・ウィーナー『サイバネティックスはいかにして生まれたか』鎮目恭夫訳、みすず書房、一九五六年、二三〇頁
(19) N・ウィーナー『サイバネティックスはいかにして生まれたか』鎮目恭夫訳、みすず書房、一九五六年、二三〇頁
(20) N・ウィーナー『サイバネティックスはいかにして生まれたか』鎮目恭夫訳、みすず書房、一九五六年、二三〇頁
(21) N・ウィーナー『サイバネティックスはいかにして生まれたか』鎮目恭夫訳、みすず書房、一九五六年、二三一頁
(22) N・ウィーナー『サイバネティックスはいかにして生まれたか』鎮目恭夫訳、みすず書房、一九五六年、二三三頁
(23) E・ラズロー『地球社会への目標』伊藤重行訳、産業能率大学出版部、一九七九年、全頁
佐藤敬三「ラズロー」『現代思想』八月号、一九八二年
(24) *E. Laszlo's Works on Piano Performance*, Unpublished Manuscript.
(25) A・N・ホワイトヘッドは、死の直前の一九三九年に出版していた論文「正気への訴え」*An Appeal to Sanity* に最後の力を注いでペンを持ち、脚注として「国連を中心とした同情的妥協に基づく世界の統一」を訴え、後世の研究者に自らの希望を託した。E・ラズローの国連での活動、また最近のブタペスト・クラブの活動は、ホワイトヘッドの意向をくんでいるものと考えられる。
(26) Ervin Laszlo, *Introduction to Systems Philosophy*, New York: Gordon and Breach, 1972, Preface vii.
(27) op. cit., Preface vii-viii.
(28) Ervin Laszlo, *Essential Society: An Ontological Construction*, The Hague: Martinus Nijhoff, 1963.

Ervin Laszlo, *Individualism, Collectivism, and Political Power: A Relational Analysis of Ideological Conflict*, The Hague: Martinus Nijhoff, 1963.

Ervin Laszlo, *Beyond Scepticism and Realism: A Constructive Exploration of Husserlian and Whiteheadian Methods of Inquiry*, The Hague: Martinus Nijhoff, 1966.

Ervin Laszlo, *La Metaphysique De Whitehead*, The Hague: Martinus Nijoff, 1970.

(29) Ervin Laszlo, *Introduction to Systems Philosophy*, New York: Gordon and Breach, 1972, Preface viii.

(30) op. cit., pp. 12-13.

(31) I. V. Blauberg, V. N. Sadovsky, E. G. Yudin, *Systems Theory: Philosophical Problems*, Moscow: Progress, 1977（Translation from the Russian edition).

参考文献

A・N・ホワイトヘッド『科学・哲学論集（上）』井上健他訳、松籟社、一九八七年

N・ウィーナー『サイバネティックスはいかにして生まれたか』鎮目恭夫訳、みすず書房、一九五六年

飯野春樹編『バーナード経営者の役割』有斐閣新書、一九七九年

C・I・バーナード『経営者の役割』山本安次郎・田杉競・飯野春樹訳、ダイヤモンド社、一九六八年

M・デーヴィドソン『越境する巨人・ベルタランフィ』鞠子英雄・酒井孝正訳、海鳴社、二〇〇〇年

フォン・ベルタランフィ『生命——有機体論の考察』長野敬・飯島衛訳、みすず書房、一九八三年

第八章　A・N・ホワイトヘッドの出来事・有機体・現実的実質とシステムの比較

ホワイトヘッドの初期の数学研究の段階、記号論理学についてのB・ラッセルとの協同研究とその後の論理学上の分裂を経て科学哲学に入った段階、そして科学哲学を経て形而上学に入った段階を慎重に検討してみると、これら一連の過程とその根底のなかにきわめて強烈なライトモチーフが横たわっていることに気付く。彼は、初期の数学研究の段階で点に対するアンチ・テーゼとして出来事（events）の概念を提起し、中期の科学哲学の段階で機械あるいは機械論（mechanism）のアンチ・テーゼとして有機体あるいは有機体論（organism）の概念を提起し、後期の形而上学の段階で実体（substances）のアンチ・テーゼとして現実的実質（actual entities）あるいは現実的契機（actutal occasions）を提起している。この一連の過程にみられる出来事といい、有機体、現実的実質といい、ホワイトヘッドの思考と哲学を表象するそれらの概念は、今日のわれわれにとってどのような意味を持っているのであろうか。私は、その解答としてホワイトヘッドを彼が生きた時代の二十世紀科学・哲学・思考の限界を明敏に感知し、それらでは説明不可能な世界の予知を自らの創造した概念で説明を加えたものと考えている。この意味で彼の提起した諸概念を表面的に捉え、たとえば有機体を有機体説のように解釈し、彼の思想と哲学を保守主義的なものと解釈してしまうことは暗に避けなければならないのである。またもう一つの意味として、彼自らの創造した概念があまりにも理解不能——多くの研究者にいわれているが——であるとして、それを放棄してしまうことも、彼の提起した多くの問題を見逃してしまうのではないかと考える。

私が彼の研究を逐次追ってみるなかで気付いたことは、彼が意図し、かつ提起した哲学が最初から今日のわれわれの「科学的、哲学的思考」の貧困さとそれらの思考の限界を見抜いた上で、創造的に構築されていたということである。それは、われわれの「科学的、哲学的思考」と称した学問のあり方への警告であったのである。

今日、学問のあらゆる分野で、単純性よりも複雑性、連続性よりも非連続性、線型よりも非線型、部分性よりも全体性、分析よりも総合化、非生命よりも生命体、固定性よりも流動性、安定性よりも変動性、などへと人々の視点は大きくシフトしつつある。それは一語でいえば、機械論的思考からシステム論的思考への転換といってもよい。ホワイトヘッドは、この転換をすでにみてとっていたのである。

それではつぎに、彼の提示した出来事、有機体と今日的意味付けがなされている「システム(systems)」[1]との間にどのような共通の概念内容と意味付けが見い出されるか究明してみることにしよう。

一、出来事 (Events) とシステム (Systems)

ホワイトヘッドが、出来事という概念を導入した意図は、一体どこにあったのであろうか。彼は、数学でいう点の概念のように、それ自体自己完結し、他の点との関係を持たないで時間と空間に絶対的位置を占めている存在を所与の前提とすることにどうしても賛成することができなかった。むしろその点は、ある事態から抽象化されて延長した人間の意識（彼の用語では認知《リコグナイズ》）によってもたらされたものと措定したのである。彼にとっては、そのある事態の方がより重要であったのである。その事態が出来事なのである。そして出来事の複合体が自然であるとしたが、このことは彼が「自然の究極的事実なるものは時空関係によって互いに関連した諸出来事である」[2]と述べていることからも明らかである。つぎに彼は、諸出来事から成る自然を「われわれがいろいろな感覚を通じての知覚のなかで観察するものである。この感覚知覚《センスパーセプション》によって、思考（筆者の意識）ではない何ものか、思考に対して自己充足的な何ものかを意識しているものである。……したがって、ある意味で自然は思考と無関係に存在している。[3]」ものと述べている。ここでは明らかに、彼は自然というものを、人間の意識活動とは別の世界の事態であると考えているのである。

それでは自然を構成している出来事とは、どのような概念内容を持っているのであろうか。彼によれば、それは、まず関係性抜きで静的な実体を否定するものとして導入され、その動的側面に力点が置かれている。彼は、自然そのものを出来事の複合体とし、われわれの知覚、感覚的、科学的対象化は、出来事の性質として眺め、出来事は、対象間の関係として眺めている。そしてこの関係（同質、異質を含めた）こそが基本的なるものとしている。[4]その関係のなかでも同質的関係（異質的関係は異なったタイプの自然を要素づける）[5]から自然が延長し、それを構成している出来事に部分と全体のあり方が生じてくる。[6]この延長が空間的関係となって結果すると現実の事態となり、時間的関係となって結果すると生成を生じさせる推移あるいは創造的前進を生み出す元になる、[7]と述べている。

以上のようなホワイトヘッドの提起した出来事は、われわれに何を語り何を示唆しているのであろうか。

まず第一に、自然とは、動的な出来事から構成され、その現れ、創発としての推移、決して可逆的な性質を持っていないということ。つまり自然は、反復することもなく、再現することもない推移過程をとるものと考えている。この点ではシステムの基本的要件である「自然システムは、環境の挑戦に呼応して自らを創造して行く」というセカンド・サイバネティックスの自己組織性の条件がみたされていて、自然の発展、成長、進化を認めたものとなっている。第二に、彼の出来事は、延長として現に今ある出来事の一つが他の出来事との関係を見い出し、新たな出来事を創発し、その創発した出来事の部分になる場合がある。このことを彼は「三十秒間の持続は、この一分間の持続の部分である。わたくしは〝全体〟と〝部分〟という語をもっぱら次のような意味で用いることにする。つまり〝部分〟とは〝全体〟という他の出来事によって超えて延長されている出来事のことである。…出来事だけが全体であるか、あるいは部分でありうる」という。このことは、何を意味しているのであろうか。それは、出来事は時間的に非可逆的に推移し、成長、発展、進化していくと同時に、全体と部分の関係も存在しているということである。この全体と部分が、断絶したものではなく連続しているものとしていることの認識は重要である。それは、たんに部分を加算したものが全体とはいえないことを主張しているからである。ここには自然とその構成体である出来事を直接観察の対象としてホワイトヘッドの先見性がある。つまり、彼のいう出来事は、全体性のなかに部分性を含み、空間的に現実性を表出し、ある時間的推移のなかで自己を保持(パターン化)し、秩序を形成し、しかも非可逆的である。そしてまた、彼は、完全な可算性を排除し、関係性に立脚した非還元性の性質を持っているものと認知しているから彼の出来事は、システムの基本的要件である「全体性、秩序、非還元性」の条件、つまり「自然システムは、非還元的特性を持った全体である」を満たしている。第三に、出来事には、ある推移のなかで変化する部分と変化しない部分がある。変化する部分は、未来の具体的な現実性、つまり「自然の創造的前進」の結果として現出する出来事を指し、それに組み込まれて残っていく部分としての出来事、これは変化しないのである。つまりある出来事を部分性の契機からみると変化せず、全体性の契機からみると変化するものとみるのである（出来事の受動的条件と能動的条件）[10]。前者は出来事の同質的関係から生じ、後者は、それの異質的関係から生じると解釈できる。要するに、出来事は、部分的に同質性を維持し、時間に安定した持続をしている場合があるというもので、このことは、システムの基本的要件である「自然システムは、変化する環境のなかで自らを存続させている」というファースト・サイバネティックスの自己安定性の条件が満されていることになる。第四に、出来事は、創造的前進、推移の過程で、多数の諸々の出来事を創発させる特性がある。それらの出来事は、結果的に自然の複雑な豊かさを生み出すことになる。ある出来事は、別の出来事の部分となり、またある出来事は、別の出来事の全体となる。このようにしてより上位の全体的出来事と、より下位の部分的出来事を創発させる。このことをシステムの基本的要件として述べるならば、システム性（systemience ＝システム的創発性の意味）形成であり、「自然システムは、自然の階層性のなかで相互に触れ合いながら整序し合っている」という重箱型階層性の条件を満している。

以上考察してきたように、ホワイトヘッドの出来事は、現代科学の作り出してきたさまざまな研究成果に基づき、より一層、合理性を持ったものとして確立されたシステムの概念に内包されることになろう。自然を構成する出来事を対象としてみる所に科学は成立するであろうが、これまでのシステム科学は、確かに自然を構成するシステムを対象としてみていながら、自己完結性にだけとらわれ人工物のゴミの山を作っているといえなくもない。ホワイトヘッドが、論理実証主義や論理的原子論《ロジカルアトミズム》に見向きもしなかった理由は、たんなる知識論、道具的認識論だけに頼る自然理解では不毛であるばかりでなく、遠からず人間に敵対してくるものと明敏に透視していたからといえよう。

二、有機体(Organisms)とシステム(Systems)

ホワイトヘッドは、実体―属性に立脚したこれまでの自然認識に対して、出来事という概念を導入することによって、自然を人間の側からの対象とだけみる認識のあり方に一撃を加えた。彼は、出来事から成る自然を、生きた存在としたのである。この意味付けは、二一世紀の現在の状況にあって、ますます重要性を持つに至っていると考えられる。

彼は、つぎに出来事の概念を発展させ有機体《オーガニズム》の概念の導入に進む。それを周期を持ったシステムとみて、物質の究極的要素に設定し、物質がどこまでも分解できる存在であるということに対して新しい意味付けをしたのである。そして彼は、物理学者のいうエネルギーがきわめて抽象的概念であるということに気付き、有機体の概念を想起し、それが現実の出来事の持つ特性を完全に表現するものと規定した(11)。ここに出来事の発展的概念としての有機体の登場になるのである。それは、彼が「いまや科学は、純粋に物理学的でもなく、純粋に生物学的でもない、新たな様相を帯びつつある。それは諸々の有機体の研究になりつつある。生物学は比較的大きい有機体の研究であり、他方物理学は、比較的小さな有機体の研究である(12)」と述べていることによって明らかである。それでは、有機体の概念内容は、どのようになっているのであろうか。

まず第一に、彼は、有機体という概念の必要性を空間、時間のあり方に関し「事物は、空間によって分離され、また時間によって分離されるが、また空間において共存し、たとえ同時的でなくとも、時間において共存する。私は、この二つの特性を空時の〝分離的〟(separative)および〝抱握的〟(prehensive)と名づけよう。なおいまひとつ、空時のもつ特性がある。すべて空間内にある事物は何らかの明確な限定を受ける。すなわちある意味ではそれはただそれが現在持っている形のみを持って他の形を持たないし、またある意味ではそれはただこの場所のみに存在して他の場所に存在しない。時間に関しても同じように、事物はある期間内に存続し、他の期間内に存続しない。私はこれを時間の〝様態的〟(modal)特性と名づけよう。様態的特性だけを切り離して考える時、常に位置を占めるという観点が生ずるのは明らかである。しかしながらこの特性は分離的及び抱握的特性と結びつけられなければならない[13]」とした上で、「体積は空間の最も具体的な要素である。しかし空間の分離的特性は体積を部分体積に分解し、このことはいくらでも続けられる。したがってわれわれが分離で特性を孤立させて見る場合、体積というものは体積なき要素の、実際には点の単なる集積にすぎないと推論すべきである。しかしながら根源的な経験事実は、体積の統一性である。例えば、大きい体積を持ったひとつの講堂の空間がそれである。この講堂を点の単なる集積と見るとき、それは論理的構想の築き上げたものである。したがって原初的事実は、体積の抱握的統一であり、この統一性が内に含まれた無数の部分のそれぞれ離した統一性によって軽減もしくは制限される。われわれから見れば、内に含まれた部分の集合として別個に考えられる抱握的統一というものがある。しかし体積の抱握的統一性は部分の単なる論理的集合よりなる統一性ではない。部分は次のような意味で秩序正しい集合をなす。すなわちどの部分をとってもその一つは他のすべての部分の立脚点から見て何かのものであり、なおまたその同じ立脚点から見て他のすべての部分はその一つの部分と関係を持つものである。そこでもしAとBとCとがそれぞれの体積であるとすれば、BはAの立脚点から見てひとつの相を持ち、Cも同様であり、BとCとの関係も同様である。このAから見たBの相はAの本質に属する。空間内の諸々の体積はいずれも独立の存在を持たない。それらは全体の中に含まれたものとしてのみ存在する。それらをその環境から抽出すれば、必ずそれらの本質、それらの本質そのものを破壊する。したがって私は、Aから見たBの相は、BがAの構成に加わる様態であると言いたい。Aの抱握的統一性は、Aの立脚点からみた他のすべての体積の相を抱握して生れた統一性である、ということが空間の様態的特性である。……時間における持続に関しても右と全く同様の考察が成立する。持続を有しない一瞬の時間というものは想像的論理的に構成されたものである」[14]（傍点―筆者）と述べている。若干引用が長くなったが、これは大事なことを物語っている。彼の主張は、時間、空間にある事物があれば、それはそれぞれに論理的、想像的に分離できるが、しかし現実の相は、抱握的統一体であるということである。これは、空間から時間、時間から空間を切り離してしまうやり方、つまり彼の主張しているたんなる点的な位置を占めるという観念を排除しようとしているのである。他言すれば、事物は空間的、時間的に切り離せない抱握的統一体であり、全体性を持っているということの主張であり、このことで講堂の例、A、B、Cの体積で説明されている。そして全体性があるとすれば、そこに秩序正しいあり方があり、そしてA、B、Cの体積の説明のように、空間内でのそれぞれの体積は、独立しているのではなく、全体の中に含まれて存在し、それらをその環境から抽出すれば、必ずそれらの本質そのものが破壊される、つまり逆にいえば、ある全体性を持った秩序ある事物は、他の事物に還元できない特性を持っているということである。彼が様態的特性を主張するのは、この意味においてである。彼がある事物といっているものは、有機体に置き換えてもよく、そのとき彼は、有機体は、時―空で全体性、秩序をもっており、ある有機体は、それを構成している他の有機体に還元することはできず、また全体から単純に取り出せない存在であると主張しているのである。これは、彼が「自然を抱握的統一よりなる複合体で……抱握というものは統一化の過程である」[15]ということからも明らかであり、以上のことは、システムの基本的要件である「システム性」、すなわち「自然システムは非還元的特性を持った全体である」の条件を満たしている。

第二に、彼は、つぎのように述べている。つまり「……自然を概観すると……諸々の有機体より成る有機体というものがある。いま仮に、話しを簡単にするために、電子と水素核とがそのような基礎的有機体であると、何らの証拠はないが、一応仮定してみよう。そのとき原子や分子は高次の有機体であって、これもはっきりまとまった有機体的統一を表わす[16]」と。このことは始源的有機体、基礎的有機体、上位の有機体などと有機体のなかの有機体、というように有機体の存続パターンのなかから進化した多様な有機体が創発してくることを意味し、結果的に、一大有機体の階層が作られることを言明しているのである。この主張は、システムの基本的要件である「自然システムは自然の階層性の中で相互に触れ合いながら整序し合っている」という重箱型階層性の条件を満たしている。

第三に、彼は「自然は諸々進化する過程の組織である。実在とは過程である[17]」といい、さらに有機体について以下のように述べている。「自然の発展に含まれた機構には二つの面がある。一面では与えられた環境とそれに適応する有機体がある。十九世紀末の科学的唯物論はこの面を強調した。この見地から見れば、与えられた量の物質があり、ただ限られた数の有機体だけがそれを利用できるわけである。環境が与えられているということが万事を支配する。したがって科学の切り札は〝生存競争〟と〝自然淘汰〟であると思われた。……進化の機構の……他の一面は、それは閑却されている面であるが、創造性という言葉で表わされる。有機体は自らの環境を創造することができる。この目的のためにただ一個の有機体だけではほとんど無力である。それを果すに十分な力を得るためには協働する有機体の社会が必要になる。しかしそのような協働が行われれば、またそれに払われる努力に比例して、環境は進化の道徳的様相全体を改変するよう柔軟性を持つのである[18]」(傍点―筆者)と、である。この引用文の前半では、彼は、有機体が環境との関係で有機体自らそれに適応していくことを容認している。このことは、ダーウィンの名を引き合いに出すでもなく正当な説明である。われわれのシステム論によると、あるシステムがそのシステムの環境となっている多数の他システムの関係からある臨界域内で自らのシステムを改変することなく適応すること、すなわち機能的適応をすることによって自らの安定を図ることを理論的に説明している。システムの基本的要件である「自然システムは変化する環境のなかで自らを存続させる」とするファースト・サイバネティックスの自己安定性の条件がA・N・ホワイトヘッドの引用文の前半に述べられている。

ついで彼の引用文の後半の、有機体が自らの環境を創造するという側面について述べよう。これは、システム論でも同様で、あるシステムが、そのシステムの環境になっているシステムの多くが何らかの力、エネルギーの働きで変化した場合、自らの存続を実現するためには、他の協力可能なシステムと手を組むか、あるいはそうすることによって自己の組み込んでいた適応基準を改変して、つまり自らのシステム的構造を改変して自己を存続させようとする場合がある。これはシステムの創造であり、あるシステムの構造的適応といわれている。このようにシステムの創造性と同じ意味内容のことが、A・N・ホワイトヘッドによっても言及されている。このことは、システムの基本的要件である「自然システムは、環境の挑戦に呼応して自らを創造するという」セカンド・サイバネティックスの自己組織性に基づく発展と進化にほかならない。

以上、考察してきたように、ホワイトヘッドの有機体(それは、決して生物有機体だけでなく、この宇宙、世界を構成しているあらゆる存在者のことを指す)は、現代科学、とくに最近のシステム科学の発展によって、一層合理的なものとして確立されたシステムの概念に内包されてしまうということである。現時点で、もし彼が生存していたならば、彼の有機体の概念は、ここで規定したシステムの概念に置き換えられてしまうことに賛成するであろう。

三、出来事(Events)と有機体(Organisms)とシステム(Systems)

彼の形而上学のなかで展開された主要な概念である現実的実質については、以下で言及しているように、われわれのシステム概念と構造的に類似している、つまり構造的同型性があるということだけは指摘しておこう。ここでは、出来事と有機体、ならびにシステムの概念内容に関し、それらの構造的同型性について言及してみた。われわれはこれらの論述を通じ、出来事と有機体の概念と現代のシステム概念(それを要約的に定義しておくならば、「システムとは相互作用している、していた、するであろう要素としての諸システムの統合体であり、上位および下位のシステムから構成されている動的な存在である」ということになる)との間に共通の認識が成立することが理解できる。この意味で、ホワイトヘッドの哲学は、生きた生命ある自然を、死んだ対象として取り扱う機械論的哲学と形式論理に基づいた、科学・技術論に対する警告であり、共生の哲学を提示していたものと考えられる。彼は、以下のように述べている。つまり「成功する有機体は自己の環境を改変する。互に助け合うように自己の環境を改変する有機体が勝利を獲得する。……ブラジルの森林を作っている樹木は、各種の有機体が相互に依存し合って成す結合に依存している。ただ一本の木だけでは環境の変転によって偶然に生ずるあらゆる不利な状態に支配される。……森林の成立は相互に依存し合う種のなす有機体形態の勝利である。……いかなる有機体もひとつには激しい変化から身を守るために、またひとつには必要なものを獲得するために友だちと共にある環境を必要とする」(19)とである。本来学問、哲学、思想、科学、技術は、人間の幸福の実現のためにあるのであるが、今日、方向を見失ったわれわれ人間は、もう一度、この自然、宇宙のあり方をホワイトヘッドから学ぶ必要があると、いくら強調しても強調し過ぎることはない段階にきているといえよう。

最後に出来事・有機体・現実的実質とシステムの構造的類似性について図表化しておこう。

左の図表のなかで、出来事・有機体のそれぞれに示した（2）と（3）の用語は、彼の著作のなかからこの用語が最も適しているであろうと考え、私が抽出・造語したものである。ホワイトヘッドは、出来事と有機体を相互に入れ換えて同じ意味で使用していることが多い。このことは、出来事ならびに有機体の概念を用いた初期と中期が、彼の形而上学の現実的実質の概念創造のための予備の段階にあったと考えられる。

ホワイトヘッドの哲学			システム哲学
（初期）	（中期）	（後期）	
（1）出来事	（1）有機体	（1）現実的実質	（1）システム（全体・秩序・非還元性）
（2）感知・知覚	（2）抱握・様態	（2）抱握・持続・共軛	（2）ファースト・サイバネティックス（自己安定性） （2）セカンド・サイバネティックス（自己組織性）
（3）同質的・異質的延長多様体	（3）抱握統一複合	（3）結合体	（3）重箱型階層性（ホロン）

以上ここでは、ホワイトヘッドの出来事・有機体・現実的実質とシステム哲学のシステムとの相互比較を通じて両

哲学の構造的類似性を明らかにしてみた。

四、現実的実質（Actual Entities）とシステム（Systems）

現実的実質[20]（Actual Entities）というホワイトヘッドの有機体哲学の基本概念は、彼の哲学体系の晦渋さもあって、これまで日本ではあまり研究されてこなかった。しかし、この概念は（他の諸概念もそうであるが）、とくにデカルト以来の自然と人間、精神と肉体など、すべてを二分して考えるという二分法から生じた分裂を如何に修復し、統一するかという目的のために案出されたものであるが、その案出の背後に、現代物理科学の発展を十分に見取っているところに最大の特徴がある。この意味で、ホワイトヘッドの現実的実質の概念内容と意味は十分すぎるほど研究に値するものと考えられる。

本章では、第一に、現実的実質の概念を明確に摘出してみた。第二に、その概念と関連を持つ若干の重要な概念、たとえば抱握、持続、共軛などを取り出し、第三に、ホワイトヘッドの現実的実質をより形而上学的でない概念に再移転し、再解釈することによってどのような哲学を形成・構築可能かについて図表化してみた。ホワイトヘッドの現実的実質をシステムとして再解釈することによって諸々のシステムに関する哲学を形成可能であるということ。したがって、システムという概念は、たんに物理、工学の分野でだけ使用されるハードな概念ではなく、自然、人間、宇宙などを観察するきわめてソフトな、広範に応用可能な概念であると論及してみた。

註と引用文献

(1) E・ラズロー『システム哲学入門』伊藤重行訳、紀伊國屋書店、一九八〇年、全頁
伊藤重行「システム哲学」『電気学会雑誌』第一〇三巻八号、一九八三年
(2) A・N・ホワイトヘッド『自然認識の諸原理』藤川吉美訳、松籟社、一九八一年、三頁
(3) A・N・ホワイトヘッド『自然という概念』藤川吉美訳、松籟社、一九八二年、三一四頁
(4) A・N・ホワイトヘッド『自然認識の諸原理』藤川吉美訳、松籟社、一九八一年、五八九頁
(5) A・N・ホワイトヘッド『自然認識の諸原理』五八頁
(6) A・N・ホワイトヘッド『自然認識の諸原理』五九頁
(7) A・N・ホワイトヘッド『自然認識の諸原理』五九―六一頁
(8) A・N・ホワイトヘッド『自然認識の諸原理』六〇頁
(9) A・N・ホワイトヘッド『自然という概念』藤川吉美訳、松籟社、一九八二年、六八頁
(10) A・N・ホワイトヘッド『自然認識の諸原理』藤川吉美訳、松籟社、一九八一年、二一八頁
(11) A・N・ホワイトヘッド『科学と近代世界』上田泰治・村上至孝訳、松籟社、一九八一年、四九―五〇頁
(12) A・N・ホワイトヘッド『科学と近代世界』一四二頁
(13) A・N・ホワイトヘッド『科学と近代世界』八五頁
(14) A・N・ホワイトヘッド『科学と近代世界』八五―八七頁
(15) A・N・ホワイトヘッド『科学と近代世界』九七頁
(16) A・N・ホワイトヘッド『科学と近代世界』一五二―一五三頁
(17) A・N・ホワイトヘッド『科学と近代世界』九七頁
(18) A・N・ホワイトヘッド『科学と近代世界』一五四―一五五頁
(19) A・N・ホワイトヘッド『科学と近代世界』二七、五一六頁
(20) 伊藤重行「Systems と Actual Entities」『商経論叢』第二四巻、第四号、九州産業大学（これは昭和五七年慶応大学で開かれた日本ホワイトヘッド・プロセス学会で発表したものである。）なお Actual Entities の訳語は、現実的実質（市井三郎、山本試作、藤川吉美使用）とした。しかし現実的存在（野田文夫、藤沢令夫、平林康之使用）、実在も妥当性が

あると思う。

参考文献

A・N・ホワイトヘッド『自然認識の諸原理』藤川吉美訳、松籟社、一九八一年
A・N・ホワイトヘッド『自然という概念』藤川吉美訳、松籟社、一九八二年
A・N・ホワイトヘッド『科学と近代世界』上田泰治・村上至孝訳、松籟社、一九八一年

第九章　A・N・ホワイトヘッドからシステム政治学への発展

ホワイトヘッドの有機体の哲学にいう現実的実質は、新しい科学に依拠したシステム哲学の建設にきわめて有意義である。システムを中心概念としたシステム哲学はホワイトヘッドの思弁哲学と存在論を参考にして試みてみた(1)。われわれの主張するシステムとホワイトヘッドの有機体の哲学の接点について論じる前に、両哲学を特徴付ける諸概念の対応関係を示しておこう。

（有機体の哲学）　　（システム哲学）

現実的実質……………システム（全体性・秩序性・非還元性）

抱握…………………ファースト・サイバネティックス（自己安定性）

　　　　　　　　　　セカンド・サイバネティックス（自己組織性）

結合体………………重箱《かさねばこ》型階層性（全体子）

一、システム(Systems)

ホワイトヘッドは、いたるところでシステムという用語を用いている。しかし、その用い方は過程もダイナミックスもない硬直した構造を持ったものといった意味合いで使われている。本来その語源であるギリシャ語でSystemのSyは「共に」「一緒に」「まとめて」という意味を持ち、stemは「置く」「置いてある」という意味である。われわれは、以上のギリシャ語的意味を十分に考慮し、システムとは、「相互作用をする(あるいはしている)諸要素(これら諸要素もまたシステムである)の統合体[2]」と定義する。つまりそういうシステムがこの宇宙を構成している基本的な存在者である、と措定するのである。[3] したがって、ホワイトヘッドの現実的実質の定義に合致させようとすれば、システムは世界を構成している究極的実在物であるともいえよう。システム概念によって、われわれは第一に、不幸な二元論を超克し、第二に、少なくとも直接知覚可能な「もの」的存在と直接知覚不能な「こと」的存在を統一できると考えているのである。

システムは、その定義が示しているように、複雑で相互依存的で、システム相互が相互作用することによって、いろいろなシステムを新たに創造する主体である。今日核物理学では、原子や素粒子の世界は、相互依存する複雑な雲のような、つまりそのような物理的システムとみなしている。このようなシステムが宇宙におけるエネルギーの凝集した点的存在(統一場)であり、物理的システムは、相互のコミュニケーション(エネルギー交換)を通じ、有機体、すなわち生物的システムを創造し、それらがまた社会システムを創造するのである。こうしてシステムは数百万もの具体的な個的システムとしての動、植物を創造、進化させてきたのである。

システムは相互作用が複雑になればなるほど、そのシステム以外のシステムに比して相対的により安定した秩序を形成する。秩序化したシステムは、時空的に相対的に変化しない過程を形成する。つまりそのシステムの諸要素である諸部分システムが、より上位のそのシステム内で、ある一定時間、比較的に安定した状態を保って存在するようになることを意味する。この状態が変化する過程にあるシステムの全体性を顕現しているのである。この全体性は、既に述べたように過去に形成されていたシステムと質的に異なったシステムとなり、したがって既成のシステムに分解、還元することができない新たな性格を受け取っている。つまり下位の多システムがより上位の一システムへと創造されていったといえよう。

またシステムは他のシステムと相互作用をするという意味で、閉鎖システムというよりもむしろ開放システムである。そのような開放システムは、エネルギーあるいは物質を相互に交換する。すなわち物理的出来事(もの)を相互に交換するシステム＝物理的システムと、情報を相互に交換する、すなわち心的出来事(こと)を相互に交換する認識システムから構成されている。残念なことに、A・N・ホワイトヘッドの現実的実質の概念規定においては、この情報(こと的存在)的側面に関する論及が十分ではない。われわれのいうシステム(物理的、認識的システム)は、環境(これ自体が客体としてのシステムの集合体)と相互作用し、相互に限定し、限定し合いながら法則内在的で、かつ過程的でしかもより単純なシステムからより複雑なシステムへと生成、発展、そしてある場合には衰退して行く動的活動体である、と定義される。

二、ファースト・サイバネティックス(First Cybernetics)とセカンド・サイバネティックス(Second Cybernetics)

ホワイトヘッドの「抱握」あるいは「感じ」は、主体―客体関係の説明原理としてはきわめて示唆に富むものである。とくに物理的抱握と概念的抱握の分類としての意義の理解は重要である。前者は先述した物理的システムの主体―客体関係、後者は認識的システムの主体―客体関係に関連を持つものである。同レベルにある諸システム間には諸システム同志で、相互に作用している場合、した場合、する場合、しようとする場合がある。あるシステムが環境内の他のシステムと相互作用しているとき、相互の間に何らかの合意が成立し、相互享受し合っていることになる。そのとき相互のシステムは、その構造を改変する必要がなく、安定した持続状態を続けることができる。そうなるためには、両システムの合意の条件、端的にはある種の目的が共有されていなければならない。つまり両システムによってある種の目的が支持されていなければならない。このようにあるシステムが自己の構造を改変することなく、一定の安定状態を持続し続ける過程を自己安定化過程という。ファースト・サイバネティックスとしての自己安定性がこの意味である。

また同レベルにある諸システム内のシステムが、下位システムの能力を用いてある目標を立て(この目標は自らのシステムおよび他のシステムの構造を変えるようなもの)、その目標を持って他のシステムに働きかけたとき、その目標を他のシステムが受け入れ、それを検討した上で、それを相互に実現するための合意が得られ、その目標を現実化する実行過程がある。もしこの種の目標が両システムによって実現されれば、それを通じて達成されたこの新たな状態を両システムの構造を改変することによって実現されたものである。この現実化の過程は、既存の構造を持った両システムとはまったく異なった新たなシステムの創造であり、ここには両システム間に新たな相互作用が生まれていることを意味している。このようにあるシステムが自己の構造を改変し、環境との関係を変え、新たな安定状態を創造していく過程は、ポジティブ・フィードバックに基づく逸脱増幅過程を通じた自己組織化過程で、セカンド・サイバネティックスとしての自己組織性がこの意味である。

以上論述してきた一連の過程は、あるシステムが他のシステム（環境）と相互作用し、そうすることによって主体としてのシステムが環境（与件）からエネルギー、物質、あるいは情報を入力し、知覚し、そしてある目的、目標、規範、価値、満足などといったフィルターによる確認を通じて選択、判断を加え、そしてまた環境に出力して行く一連のフィードバック過程である。(4) もしあるシステムが入力したものとそのシステムの実現すべき目標とが一致しない場合、何故そうなのかについて活発な展開がなされる。もし一致しない場合、実現すべき目標の検討と環境に関する学習が繰り返されるであろう。その結果環境（他のシステム）との関連で実現すべき正当な目標が新たに抽出され、それについて合意が得られれば、この段階では、それを達成するための自己維持過程の継続になる。ところが、どこまでも合意が得られなければ、実現すべき目標を放棄するか、あるいはポジティブ・フィードバックを用いて強行に実現を図るかである。このとき成功と失敗とが相い伴うであろう。成功すれば創造、発展、進化となり、失敗すれば自滅、死に至るであろう。多くの場合、あるシステムが環境（客体としてのシステム）との合意を見い出せない目標を立て、それを実行すれば、環境を破壊し、それを通じて自己破滅の墓穴を掘ることになる。この宇宙に存在するシステムは、物理システムと認識システムの統合体である。原子、素粒子、クォークなど、より下位のシステムにいけばいくほど、認識システムは物理システムの背後に隠れ安定度を増し、自己維持的安定に終始する。また細胞、植物、動物、人間などより上位のシステムにいくほど、それらの構成は物理システムであるとはいえ、認識システムが前面に顕在化し、安定度が低下し、逸脱増幅的・自己組織的過程が顕在化してくる。

三、重箱《かさねばこ》型階層性（全体子＝Holon）

システムが一連の自己安定・自己（再）組織化の過程を通じて実現していった結果、全体として完成の高まったシステムの集合が時空に形成される。この結果「重箱型階層性」（ホロン）が出現する。これは換言すれば、全体子＝ホロンの集合体の「社会」と同義である。全体子という概念は、故アーサー・ケストラー（Authur Koestler）の造語である[5]。いま諸システムの階層構造を明確にするシステムが時空にあるとしよう。その場合、そのシステムはその内部に相互依存し合っているシステムを持ち、そのなかの一つのシステムはまたより下位のシステムを数個持ち、そのなかの一つのより下位のシステムは、また数個のシステムを持つ……というように無限に下位の方向に向っていく。また一方、そのシステムはその外部に数個の相互依存し合っているシステムを持ち、その一つのシステムは、またより上位のシステムを数個持ち、さらにその一つのシステムは、またより上位の数個のシステムを持ち……というように無限に上位の方向に向って行く。この場合、基準とするシステムをどのレベルに措定するかによって異なるものの、より下位の方向に向うことによって見い出されるシステムは、構造化され、安定度の高いシステムとなっている。反対により上位の方向に向って見い出されるシステムは形成途上のシステムか、これから創造されるレベルのシステムかであって、比較的に安定度の低いシステムになっている。以上のような形で構成されているシステムの全体子は、第一に、部分と全体の統合、第二に、部分と部分、部分と全体の相互作用の上に成り立っており、第三に、部分が存在するためには全体が必要であり、全体が存在するためには部分が必要であるという特性をとっている。そして第四の特性として、上位システム、中位システム、下位システムの間に価値の共有があるにしても、価値の上下がない。さらに、第五に、全体子は下位のシステムから形成されるが、その逆は、真ではないということである。以上論述してきたことがシステムの経験の総体である。

ホワイトヘッドの有機体の哲学は、そのすぐれた独創性のためか多くの哲学者、科学者によって難解であるとの評価を受けてきた。けれども今日、システム論、システム科学、システム工学の総合として形成されてきたシステム哲学によって、彼の有機体の哲学の再解釈と新たな発展が可能となってきた。ここに有機体論的世界観と機械論的世界観の統一、そしてそれを通じた新たなシステム的世界認識の光が見え始めたといえよう。

四、システム哲学の政治思想と地球時代

地球上の国家の形成過程は、大海の荒波とさざ波が揺れ動いている流動体に似ている。その流動体は、各国家間の活動に左右されながら地球上に秩序を形成してきている。その秩序は、一つひとつの独立した国家、すなわち第一に、主権国家のみによって作られているのか、第二に、超越的情報・エネルギー体によって作られているのか、あるいは第三に、各国家およびそれらを構成している経営体の相互依存関係のネットワークによって作られているかが重要となる。結論的にいえば、第一は、機械論や原子論から発達した個人主義思想中心の秩序観、第二は、生気論や一

神教から発達した全体主義思想中心の秩序観、そして第三は、現代システム思考と日本の多元的価値から発達したシステム主義思想中心の秩序観に結び付く(6)。二一世紀における地球時代の国家の秩序は、現代システム思考と日本の多元的価値から発達したシステム主義思想中心の秩序観によってより一層人類史の秩序形成に貢献するだろう。パックス・ブリタニカやパックス・アメリカーナの時代は、それぞれ世界をリードする優れた世界的視野を持った優れた指導者を生み出したが、時代は先に進んでいる。地球時代の国家の秩序は、この意味で二一世紀において非常に大事な課題であり、そのことはまた新たな指導者を生み出すことになる(7)。

1、機械論や原子論から発達した個人主義思想中心の秩序観

システム哲学の視座からみれば、個人主義思想は時代遅れである。科学理論すら機械論や原子論から支持されていない。しかし思想の転換は遅い。この個人主義中心の秩序観を持って今日の世界全体を指導し、先導しようとしている国家はいかにパックス・アメリカーナが衰えてきたとはいえ、それは米国である。カナダ、オーストラリア、ニュージーランドなどもこの系譜に入るであろう。個人主義それ自体は、ギリシャ時代のデモクリトスにその起源を持ち、近代では今から一五〇年前のフランスのトックビルが社会主義に対峙する思想としてアメリカの個の確立にみる一般的信念や権利の主張から個人主義と規定したものである。哲学的には、個人主義は個人と個人の間の関係を重視するよりも、個々人が独立しユーニクで自由な存在であると認識するところに特徴がある。そしてそれぞれが自らの必要性と願望中心に考え、主張することを正当なものとする。このことは、自己主張と自己実現を追求することを正当なこととして認めているのである。

このような個人主義の考え方は、目に見える具体的で物理的な人間一人と抽象的な個人とが上手く結び合っているのであたかも同等な存在として扱い易いが、しかし個人と個人の間の関係性が欠如している点では今日の科学的人間観としては問題を残している。さらに徹底的に個人主義として一貫性を欠いているのではないかと考えられる点は、個人主義の信奉者が自らを越えた力のある存在、すなわち超越的力を排除する一方で、神や絶対者を認めることは矛盾していると考えていないことである。

以上のような考え方は、国家や国際秩序を考察する場合でも同じ事で、たとえば国際秩序は個的な国家によって形成されると認識する。このような個人主義的国家は、自ずと自国の必要性と願望中心に考え、主張することを正当なものとする。このことは、個人主義的国家による自己主張と自己実現を追求することを正当なこととして認めているのであり、他国よりも自国中心の国家を正当な存在として考える。このように国家を考える立場をとる人は現実主義者といわれている。この点で現実主義者は個人主義者とイコールとなり、現実主義者のいっている国際秩序観は、まさに自国の目的を実現するために軍隊を導入してでも目的実現を図ろうとする個人主義的秩序あるいは自国に都合のよい秩序を追求することになる。(8)

2、生気論や一神教から発達した全体主義思想中心の秩序観

システム哲学の視座からみれば、全体主義思想は時代遅れである。全知全能の神やある独裁集団が宇宙やこの世界を支配し、管理していると信じる人は希である。科学理論はまったく全体主義思想を支持していない。しかし思想の転換はやはり遅い。全体主義の考え方は、ギリシャ時代のアリストテレスにその源を発していると考えられている。

この全体主義と先述した個人主義は、人類の知的歴史においてコインの表と裏のように表裏一体の関係を持って発達してきたものである。この様な全体主義には、政治権力や軍事力を背景とした非民主的で公選のない強権政治体制を含めるならば、共産主義体制、軍事政権、さらにはオカルト的な宗教集団も入る。

この全体主義思想中心の秩序観を持って今日の世界全体を指導し、先導しようとしている国家は冷戦構造の崩壊後、相対的に変化をきたしている。旧ソ連、中国、北朝鮮、キューバ、ベトナム、ミャンマー、インドネシア、アフリカに多くある軍事政権等が代表的な国家として入る。全体主義に属する考え方は、ヒトラー、ヘーゲル、マルクス、エンゲルス、レーニン、毛沢東、ホーチミン、カストロ、極端な左翼と右翼、オカルトなどによって推進されたものである。哲学的には、全体主義は人々がこの世界に平等に生まれ、社会の統合的部分として存在するものと認識する。換言すれば、社会が第一義的存在であり、人々は第二義的存在と認識され、この見方に立って人々が平等なのである。各人は必要性を満たすために社会的共有物を持ち、それをプールし合い、またその社会的共有物のために最善の努力をし、貢献すべきものと考える。この考え方は実現できない人類の永遠の理想であろう。理想主義者としての夢をみ、ある日突然、悪夢をみてしまい何とかしてその悪夢を実現しようとした時に、権力が欲しくなり全体主義者に成ってしまうのである。したがって全体主義者は、権力を独占するための理由をいろいろ考え、絶対者や超越者の資格をこの現実社会で獲得しようとして、結果的に独裁者に転落してしまうのである。権力を支配の道具に使い始めた時点で、人々の心が離れ反撃の開始となるのである。

以上のような考え方は、国家や国際秩序を考察する場合でも同じ事で、たとえば国際秩序は全体主義の原理からして全体主義中心の国際秩序を正当なものと認識するのである。このような世界秩序観は、人々と各国家の自由と選択の自由を無視するという点、さらには権力の独占に結果的に落ち込んでしまうという点で多くの支持を得ることができないのである。旧ソ連の崩壊は以上の視点から考えるならば、当然起こるべくして起こったとみなすことができるのである。(9)

3、現代システム思考と日本の多元的価値から発達したシステム主義思想中心の秩序観

システム哲学の視座からみれば、システム主義思想は当然の帰結である。素粒子論、天体核物理学からそれは支持され、新たに形成されてきた思想である。間接的にはホワイトヘッドの有機体の哲学が基礎になっている。このシステム主義という概念はそれほど多く認知されているとは考えられないであろう。しかしそれは個人主義や全体主義を乗り越えようとして案出されたきわめて人類の未来にとって有望な考え方である。歴史的には日本や韓国の儒教、日本の神道や仏教の曼陀羅、中国の道教等に何らかの関係性があると認識されるであろう。またギリシャ時代のヘラクレイトスやアリストテレスにも源流を持っているといえよう。このシステム主義の発展に貢献した人々には貝原益軒、鈴木大拙、西田幾多郎、今西錦司、老子、荘子、スピノザ、ヘーゲル、ホワイトヘッド、フォン・ベルタランフィ、プリゴジン、ラズロー、ウィーナーなど、多くの哲学者、物理学者、システム論者、数学者、サイバネティックスの専門家がいる。

システム主義は、この世界を複数の「システム」から成っていると認識するのである。システムのシは「まとまり」、ステムは「置かれてある」の意味で、したがってシステムは「まとまって置かれてある」とか「まとまってあ

る」という意味となる。この考え方が基本なのである。貝原益軒の『養生訓』は優れた心身統合システム論、西田幾多郎の「絶対矛盾の自己同一」、今西錦次の「棲み分け」理論はシステムと置き換えることができる。老子、スピノザそしてホワイトヘッドからは全体と部分が相互に浸透し階層的進化する過程論、プリゴジンから自己組織論、ウィーナーからサイバネティックスの情報論を学ぶ事ができる。システム主義は、この世界を全体と部分が複雑に絡まりあいながらも統合している「全部」であるという認識論と存在論を形成し、この宇宙の存在者は「エネルギーと情報を処理するシステム」と定義することになる。この考え方によれば、人は自然のシステムの進化的創造物であり、またその一部分でもあるとなる。またそれぞれの人はその部分で固有の役割を演じるとともに、自発的により高い目的に向かって行動し、他者との共働的な相互関係を通じて自らの責務と運命を全うすべきであると考えることに価値を見出しているのである。したがって協力、自由、平等、団結、調和、賛同、集団、組織、情報等が重要な概念となる。このような価値を重視する国家に日本、韓国、台湾、シンガポールや北欧諸国などがある。これからも地球が狭く成ると感じ、さらには天然資源が豊富でない弱点を持った国家の賛同と参入が期待される。何故ならば情報や知識を重視した教育を通じて人間を育てる以外に方法がないからである。

以上のような考え方は、国家や国際秩序を考察する場合でも同じ事で、たとえば国際秩序や新たな地球時代の秩序観は、システム主義的な思想によって形成されると認識する。このようなシステム主義的思想は「エネルギーと情報を処理するシステム」から導出され、さらにシステム哲学を形成する。したがって、国際秩序や新たな地球時代の秩序は、自然のシステムの進化的創造物であり、またその一部分でもあるとなる。またそれぞれの国家はその部分で固有の役割を演じると共に、自発的により高い目的に向かって行動し、他国との共働的な相互関係を通じて自らの責務と運命をを全うすべきであると考えることに価値を見出しているのである。したがって協力、自由、平等、団結、調和、賛同、集団、組織、情報等が重要な概念となる。システム主義的世界秩序観とは、以上のような価値を組み込んだ秩序を追求するため変化を処理していく過程論的秩序観となる。二一世紀の地球上の秩序観はこの考え方に沿って、ゆっくりと自己組織化しながら安定した秩序が形成される。(10)

五、システム政治学の「権力と権威」論とデモクラシー

システム政治学は、システム哲学から派生してくる政治哲学である。それはシステム主義思想を形成している。しかも明らかに、それは、ホワイトヘッドの有機体の哲学とサイバネティックスから発達してきたものである。ホワイトヘッドの有機体の哲学から結果する政治理論は、合意形成説得型政治理論であり、サイバネティックスはその具体的モデルとして入力・出力フィードバック過程モデルを提供している。システム政治学は、それら二つの思考をさらに発達させ、さらにシステム哲学の基本概念を再編して「自己安定的・自己組織的システム」を表出してくる。このシステムは、地球上をくまなく情報網で伝達できる情報技術を駆使できる新たな時代のデモクラシーを示唆している。(11)

システム政治学は、人間間、ある人間と集団や企業の関係、集団間、国家間、さらには社会制度における軋轢などにみられる、賛成と反対、同意と不同意、支配と服従、逸脱と遵守、戦争と平和などの一連の紛争過程をどのように処理していくかに係る問題に光をあてる。このことは政治の権力と権威の問題で、非常に重大である。政治理論にお

いては強制を中心とする政治機構か、あるいは合意を中心とする政治機構のどちらを論理的に導出することになるかによって地球時代のデモクラシーに貢献できるかどうか明らかになる。

強制とは他者の意志を無視してでも自己の意志を押し通そうとすることである。また合意とは他者の意志を尊重しつつ、他者の意志を取り入れて新たな目標合意を作り出すことである。前者は、他者の意志を無視していることから目標が不明瞭であり、正当性が問題になり、後者は他者の意志を尊重しつつ、それを取り入れて新たな合意目標を設定する事から目標が公然と明らかとなり、正当性が満たされる。また前者は、他者の意志よりも自己の意志を押し通すことから正当性が問題になり、結果的に自己の私的目標が追求される傾向が強くなる。悪くいえば、自己の都合に合わせた私的目標追求になり、汚職や腐敗に結び付く。そのために強制を使うし、また強制を必要とする。後者は、他者の意志を尊重しつつ、他者の意志も取り入れることから正当性があると広く受け入れられ、私的ではなく公的目標を追求する事になり、他者の満足度を高めるので強制を使う必要が無い。政治学的には、前者は権力(power)と定義し、後者は権威(authority)と定義できる。(12)

システム政治学は、前者の強制を中心とした権力の政治学ではなく、後者の合意を引き出す権威を中心とした政治学である。合意を引き出す権威を中心とした政治学は、国民の持つ知識や情報の質量に依存している。現在の日本の国民の九〇%は、高等教育を受け、大学進学率も約六〇%になっている。そしてインターネットの正確な知識や情報の蓄積も進み、瞬時にさまざまな情報を手に入れることができる。この状態は国家が情報化していることを指している。このような状態は、システム哲学の基本モデルである「自己安定的・自己組織的システム」によってもたらされた概念枠組みであり、逆戻りする事ができない。「自己安定的・自己組織的システム」は、開放システムであり、自由エネルギーと自由情報を入–出力できることによって成立している。したがって社会や国家の組織体は、合意形成過程を尊重し、合意形成を正当なものとみなすことになる。国民参加型のデモクラシーの成立である。国家目標、社会目標、さらに組織体の目標は公的目標追求になり、それぞれの目標をごまかして私的目標を追求する必要がなくなる。これは、政治の権威構造の定着になる。もし情報操作をし、目標をごまかし自己の利益を所有することに目標を置くとすれば、目標を隠蔽した上に、権力の強制を使うことによって達成しようとする。そうすると目標が正当化されなく、混乱、紛争、争議が拡大することになる。もし国民の知識水準や情報接触に制限や禁止を加え、国民に真実を知らせない国家の場合には、権力の強制を行使して実現可能であるかも知れないが、現在の自由社会にあっては不可能なことである。

日本の国家、社会、企業を含むあらゆる組織体が私的目標追求、すなわち裏帳簿、税金の無駄使いのための談合、裏金の蓄え、汚職などは、最終的に権力占有者の私的欲求を追求するための強制力を持った私利私欲のために使われることになる。情報化社会はこのような私的目標追求から公的目標追求に徐々にではあるが、転換させる社会のあり方である。コンピュータ会計制度の確立によって、公明正大な社会や国家の形成に役立っていることが明らかである。悪い私的、公的制度でなければ、公然と公明正大な制度になり、正当化され、正義となるのである。システム政治学の基本認識が、権威を基礎とした政治理論であることが理解できるであろう。しかもそれはホワイトヘッドの合意形成説得型政治理論であり、サイバネティックスはその具体的モデルとして入力–出力フィードバック過程モデルから発展してきたものである。ホワイトヘッドが常に説得の重要性を指摘しているのも、暴力を行使する権力の強制からではなく、正確な知識や情報に基礎を置く合意形成の有効性と新たな時代の哲学を示唆していたのである。

六、二一世紀地球時代の情報網発達下におけるデモクラシー

地球時代のデモクラシーは、国家を越える時代の新たなデモクラシーである。それは多国間の合意に依拠した新たな統合国家のデモクラシーである。もはや一国中心のアクターとしての主権国家、すなわち個人主義思想中心の秩序観では紛争を拡大し、戦争への道を切り開くもので、時代遅れである。というのは過去の戦争をみれば明らかであり、地球時代のデモクラシーには全く不適当である。また独裁や一神教に権威をゆだねる時代でもない。むしろこの権威は正当化されなく、幻想であることが次第に分かってきた。全体主義思想中心の秩序観は、個人主義思想中心の秩序観すらも超越した思想であると認められなくなった。ただ独裁に任せ、ただ信じ、ただ信仰に伏していればよいのではなく、独裁や信じること、信仰の意味すら問う自由な時代である。多くの人々は合意形成に参加し、義務と責任を持とうとする秩序観を持ち始めている。このことは地球上の国家の再組織化であり、これから進んでくる国家統合に向かってシステム政治学が示唆する権威を中心としたあり方が正当として認知される。国家は合理的に経営されなければならないし、予算及びその執行が明瞭でなければならない。しかも国家のバランスシートに一点の曇りも許されない。現在日本における国家の単年度予算のあり方は無駄遣いを促進し、しかも特別会計の不明瞭さは国家汚職とみなされる。

日本の権力構造が私的目標追求に転落し、官僚組織を含めて自己の利益追求に落ち込み、税金の無駄使いは、国家

と国民の利益に反する国家汚職になる。国家汚職に係る政治家、官僚、政党、企業などの権力は、新たな政治家、政党の権威によって交代させることによって正当性が確保される。すなわち政権交代によって権力構造から権威構造に入れ替わるのであり、この選択ができるのは高い知識と自由に情報を取り入れ、また情報に接することができる社会においてである。繰り返しておくが、国家汚職は他の正常な権威中心の国家にとって有害であるというのはいうまでもない。それはちょうど現在、日本で進行中の市町村合併時にみられる、ある市町村の裏金が合併にとって有害であるのと同じことであり、また企業合併時に、一方の企業が隠れ負債や不正融資が隠されている場合に合併できなくなるのと同じである。

註と引用文献

(1) 伊藤重行「システム哲学」『電気学会雑誌』第一〇三巻八号、一九八三年
伊藤重行『システム哲学序説』勁草書房、一九八八年
(2) L・フォン・ベルタランフィ『一般システム理論』長野敬・太田邦昌訳、みすず書房、一九七三年、第三章
(3) 以下に論述されている内容について、より専門的論及はつぎの論文、著書を参照のこと。
伊藤重行「システム哲学」『電気学会雑誌』一〇三巻八号、一九八三年
E・ラズロー『システム哲学入門』伊藤重行訳、紀伊國屋書店、一九八〇年
Ervin Laszlo, *System, Structure, and Experience*, New York: Gordon and Breach,1969.
(4) 佐藤敬三「知識における構造的なもの」『知の考古学』第二号、社会思想社、一九七五年
(5) Auther Koestler, "Beyond Atomism and Holism: The Concept of the Holon," *Beyond Reductionism*, eds., A. Koestler and J. R. Smythies, London: Hutchinson, 1969, p. 194.［日本語版『還元主義を越えて』池田善昭監訳、工作舎、一九八二年］
(6) より詳しくは次の著書に記されている。参照、伊藤重行『システム哲学序説』勁草書房、一九八八年
(7) より詳しくは次の著書に記されている。参照、伊藤重行『日本からの新しい文明の波』勁草書房、一九九五年

(8) より詳しくは次の著書に記されている。参照、R・ドーア『二一世紀は個人主義の時代か』サイマル出版会、一九九一年

(9) より詳しくは次の著書に記されている。参照、伊藤重行『アジアと日本の未来秩序』東信堂、二〇〇四年、三八—四九、一〇七—一一四頁

(10) 伊藤重行『システム哲学序説』勁草書房、一九八八年

(11) 伊藤重行『アジアと日本の未来秩序』東信堂、二〇〇四年、第四章

(12) この権力と権威の定義は以下の著書を参考にしている。参照、W・バックレイ『一般社会システム論』新睦人・中野秀一郎訳、誠信書房、一九八〇年、第六章

参考文献

伊藤重行『システム　ポリティックス』勁草書房、一九八七年

伊藤重行『システム哲学序説』勁草書房、一九八八年

伊藤重行『アジア・太平洋関係論』あきつ出版、一九九三年

伊藤重行『アジアと日本の未来秩序』東信堂、二〇〇四年

W・バックレイ『一般社会システム論』新睦人・中野秀一郎訳、誠信書房、一九八〇年

エリッヒ・ヤンツ『自己組織化する宇宙』芦沢高志・内田美恵訳、工作舎、一九八六年

第十章　システムの存在論(Systems Ontology)

私が最初にサイバネティックス(Cybernetics)という学問に気づいたのは、米国出身のノーバート・ウィーナー(Norbert Wiener)という人物によってであった。彼は、英国のバートランド・ラッセル(Bertrand Russell)の下で研究し、バートランド・ラッセルの先生であったアルフレッド・ノース・ホワイトヘッド(Alfred North Whitehead)の数学論を応用した講義を米国のマサチューセッツ工科大学(MIT)で行い、そしてサイバネティックスという学問を構築した。その学問は、それまでの考え方を変える哲学、分析や統合のあり方を示唆する科学、さらには具体的に情報による自動制御装置の付いた機械を工作する工学・技術までを包摂する学問であった、ということが私に分かったのである。この最後の工学・技術に関しては、システム理論、情報工学、コンピュータ技術と深い関係にあるということは自明である。サイバネティックスは、私にとってこの世界の知識のあり方やシステムの意味を明確化すると同時に、この世界の究極性についても関心を向けさせることになった。

ここでは、われわれが直接経験する自然、宇宙、世界、社会、組織、生物などが、なぜ現れ、今ここに存在し、これからどうなるのか、さらにこれらを時空に表現する何らかの実在的あるいは非実在的究極なるものがあるのか、について論究しようと企図し、形而上学的アプローチを試行するものである。その形而上学的アプローチは、力ある超越的存在によって創造されたとするアプローチよりも、広く人々に受け入れられるであろう。またこのアプローチは、今日、現代文明を推進させていると信じて疑わない「力ある存在」を措定している人々にとってはあまりにも不毛な論究と思われるであろう。

このアプローチは、この世界を超越した存在者、絶対者、独裁者、神などを措定した全体主義的アプローチと、さらにはこの世界を、もうそれ以上分けられない個物、個体、個人などから成り立っていると措定した個人主義的アプローチを批判し、それらよりも現代文明の形成に有効な、すなわちシステム主義的アプローチを指向しているものである。システムという概念措定がそのための第一歩である。ここにシステムの存在論の研究の意義があるのである。

一、存在論の変遷

この世界に「何故この自分のような人がいるのだろうか。あるいは何故社会、会社、地球、宇宙があるのだろうか」と考えるが、決して完全に自らを納得させる論理にめぐり合うことがないのである。ある人は、考えても考えても分からなく、神を信じる事にしたと思考の合理化をするであろう、またある人は、神を信じようとするこの自分の認識の在り方によって、神が信じられるのであるからこの自分のみしか存在しないのであると思考する人もいるであろう。(1)

存在を考察する場合、第一に、一つひとつの存在をユニークな存在者として区別してしまうか、第二に、一つひとつの存在を超越した存在者を導入する事によって存在を明らかにしようとするのか、さらには第三に、存在者同志の相互依存と相互浸透の在り方を存在と規定するかのいずれかであろう。最後の在り方が、システムを持ち出す理由になるのである。これまでの存在論の欠陥は前者二つの論理をめぐってなされていたところにあり、ホワイトヘッドの存在論は、最後の「第三に」で指摘したその論理を構築するのにきわめて有効である。そこで、彼の構築した形而上学を持ち出しながら、世界の存在の究極性を考察してみることは、哲学的に意義のある事と考えられる。すなわち、そうする事が、新しい世紀を建設していこうとする人々と、この世界を構成している全存在者にとってもきわめて重要なことになるからである。ホワイトヘッドの哲学を援用しながらこの世界の究極的存在者を再考してみよう。

ところで究極的存在者は、一なのか多なのか、それとも一と多を含みながら創造的過程を時空的に進化していくものなのか、再考してみる必要がある。もし後者がこれからの世紀の権威と権力を正当なものとして、受け継がれるとするならば、新しい究極的存在者は、新しい概念を必要とする。それは筆者の科学的・哲学的探究によれば「システム」(systems)と表わすことができる。私の現在の哲学的熟成と思考段階からすれば、システムの存在を一般的に論じ、日本の伝統、哲学、そして文化を世界化できる段階にきたといえよう。

二、A・N・ホワイトヘッドの哲学における究極的存在

ホワイトヘッドは『過程と実在』のなかで、彼の哲学を構成する主要な観念として、「現実的実質」(actual entitiy)、「抱握」(prehension)、「結合体」(nexus)、そして「存在論的原理」(ontological principle)の四つをあげている。現実的実質

は世界を構成する究極的な実在的事物と論述し、それの背後に何か別の存在があると探ってみても何もなく、神も現実的実在であると言明している。この言明の重要性を指摘するならば、神と世界が分割されていないという点である。そして神も世界の構成者であるという点である。このホワイトヘッドの考え方は、世界の背後に神があるとするものでない故に、世界が拡大していくに従って神が後退し、ついには神が無限後退していってしまう事を防ぐという事で評価できる。(2) 別の視点からみると、この世界が神と他の存在者との融合した多元的統合体から成立しているといっているのである。つまり、神の意志あるいは精神が他の存在者のなかに入り込んで、そして融合し多元的統合体になって存在しているとみるのである。この事はこの世界の構成者である実在的事物に意志あるいは精神が内包されている事を指し、したがって現実的実質にくまなく意志あるいは精神が内包されていると言及していることになる。意志あるいは精神を内包している現実的実質は何かを創り、また創られる存在なのである。ホワイトヘッドの現実的実質は、システムという概念で表す方がより広く、深い意味内容を持った形而上学となるであろう。「意志あるいは精神を内包している」は「自己あるいは自我を内包している」と換言でき、自然―認識システムの自己安定的―自己組織的機能と提示できる。

つぎに、「抱握」についてここでの詳細な説明はしないが、簡単にホワイトヘッドの説明を引用しておこう。彼は、現実的実質を分析し、そして区分することによって抱握を導出する。導出された抱握は、外界に係りを持ち、ベクトル的性格を持つことになる。そういう性格には、情動、目的、価値付け、そして因果作用をも含むものとしている。また抱握は、抱握しつつある主体、抱握される与件、その主体がその与件をいかに抱握をするかという主体的形式の三要因からなり、現実的実質の抱握には物理的抱握と概念的抱握の二つがある。積極的抱握を「感じ」(feelings)と呼び、消極的抱握を「感じから除去する」ことと論じている。

また、「結合体」は現実的実質が抱握し合って、含み合っており、そして共在していることを指し、このことは社会の成立を論じているのである。ホワイトヘッドによれば、ロックの「力能」(power)と同じく、現実的実質を措定することが存在論的原理を明示したことになるとしている。ホワイトヘッドは、神を現実的実質とし、それの多元性と同様に、神の多元性を論じ、神と世界の対立ではなく、対照性を論じていることに特徴がある。つまり、一のなかに多を含み、多のなかに一を含んでおり、そして連帯しながら創造過程を進化するとみているのである。

三、システムの哲学における究極的存在

システムの哲学は、システム科学、情報理論、サイバネティックスなどから発達してきた学問であるが、形而上学を論じるように成ってきた。この哲学の構成する主要な概念は、「システム」(systems)、「自己安定性」(self-stabilization)、「自己組織性」(self-organization)、「重箱型階層性」(chinese boxes)、そして「存在論的原理」である。システムは世界を構成する究極的な実在的事物とし、それの背後に何か別の存在があると探ってみても何もなく、神もシステムであると言明することになる。この言明の重要性を指摘するならば、神と世界が分割されていないという点である。そして神も世界の構成者であるという点である。この考え方は、世界の背後に神があるとするものでない故に、世界が拡大して行くに従って神が後退し、ついには神が無限後退していってしまう事を防ぐ事になる。別の視点からみると、この世界が神と他の存在者との融合した多元的統合体から成立しているといっているのである。つまり、神の意志ある

いは精神が他の存在者のなかに入り込んで、そして融合し多元的統合体、すなわちシステムになって存在しているとみるのである。この事はこの世界の構成者であるシステムに意志あるいは精神が内包されている事を指し、したがってシステムにくまなく意志あるいは精神が内包されていると言及していることになる。意志あるいは精神を内包しているシステムは何かを創り、また創られる存在なのである。システムは、ホワイトヘッドの現実的実質の概念より広く、深い意味内容を持った形而上学となるであろう。「意志あるいは精神を内包している」は、「自己あるいは自我を内包している」と換言でき、自然―認識システムの自己安定的―自己組織的機能となる。つぎに、自己安定性と自己組織性はホワイトヘッドの「抱握」と構造的に類同であり、また、重箱型階層性は、ホワイトヘッドの「結合体」と同等であり、存在の複雑性を論じるのに十分である。

システムの哲学は、ホワイトヘッドが神を現実的実質とし、それの多元性と同様に、神の多元性を論じ、神と世界の対立ではなく、対照性を論じているように、システムをそのようにみているのである。つまり、システムは一のなかに多を含み、多のなかに一を含んでおり、そして連帯しながら創造過程を進化するとみているのである。このことからシステムは、量的に、質的にさまざまなシステムから統合化しながら、またそうされながら、この宇宙を構成している現実の活動体であると、同時に究極的な実在である、と言明できる。

四、システムと経験と過程

この世界の究極的存在者はシステムである、という定義によって新しい形而上学を構築する事が可能となったのである。そのシステムは、物理的・自然的具体者と精神的・認識的具体者の統合体であり、換言すれば、自然的・認識的システムを究極的存在者と言い直してもよいのである。そのようなシステムの自然的側面を統合する概念である自然システムは、外界からエネルギーおよび物質を取り入れて、処理し、外界に放出しつつ、自らのシステムの安定化を図るとともに、ある時空の状態においては自らのシステムの内的構造を再編成して再組織化していくのである。また先述したそのようなシステムの認識的側面を統合する概念である認識システムは、外界から情報を取り入れて、処理し、外界に放出しつつ、自らのシステムの安定化を図るとともに、ある時空の状態においては自らのシステムの内的構造を再編成して再組織化していくのである。

要約するならば、自然的・認識的システムは、外界からエネルギーおよび物質、または情報を取り入れて、処理し、外界に放出しつつ、自らのシステムの安定化を図るとともに、ある時空の状態においては自らのシステムの内的構造を再編成して再組織化していくのである。自然的・認識的システムのエネルギーおよび物質の欠如あるいは不足は、認識的システムの情報処理過程を通じて補足されるとともに、また自然的・認識的システムの情報の欠如あるいは不足は、自然システムのエネルギーおよび物質処理過程を通じて補足される。このような自然的・認識的システムが、外界からエネルギーおよび物質、または情報を取り入れて、処理し、外界に放出しつつ、自らのシステムの安定化を図るとともに、ある時空の状態においては自らのシステムの内的構造を再編成して再組織化していく事を自然的・認識的システムの「経験」と定義することができる。この意味で、この世界の究極的存在者である自然的・認識的システムとしての物理的・自然的具体者と精神的・認識的具体者は、経験実験者となり、この世界の時空に秩序を形成する事になるのである。

かくして、自然的・認識的システムが、外界からエネルギーおよび物質、または情報を取り入れて、処理し、外界に放出しつつ、自らのシステムの安定化を図るとともに、ある時空の状態においては自らのシステムの内的構造を再編成して再組織化していく一連の経験実験者の一般的経験を「過程」と定義する事ができるのである。したがって、この一連の経験実験者の一般的経験の過程は、さまざまの経験実験者が相互に補足的であると同時に、自己発見的であり、さらには対立、紛争、紛糾、戦争などを部分的に内包しながら、共同、協力、平和、安寧などを全体的に外包し、絶対的価値としての生存と満足を追求しつつ、システム的進化をするのである。この一連の過程は、エントロピーの増大を削減しながら、宇宙進化の現象と符合することからシステムの存在論の成立根拠の正当性を保障するものである。

五、システムと存在

システムは、形而上学的には「もの」と「こと」の統合体である。それはまた物理的、自然的システムと心的、認識的システムの関係的統合体である、ともいえる。したがって、システムと言及する場合には個的存在のあり方のみならず、また超越的、絶対的存在のあり方にも加担するものではない。なぜならば、あるシステムは、より上位のシステムから観察すれば、部分システムの位置にあり、またより下位のシステムからみれば、全体システムの位置にあるからだ。全体システムは、部分システムに価値規範に係る意味を伝え、部分システムに進入し、部分システムとともに生存する。部分システムは、全体システムに自らの価値規範と共存できる限りにおいて従い、相反する価値規範に対しては部分システム同士の価値連合によって反撃し、全体システムを変更しようとする。結果的に、全体システムは部分システムからの支持がある限りにおいて、存続できることになる。この部分から全体への方向性は、この宇宙の進化現象であるから真理である。

システムは、「もの」と「こと」の統合体であり、それはまたエネルギー、すなわち物理的出来事を処理する物理的、自然的システムと、情報、すなわち心的出来事を処理する心的、認識的システムの関係的統合体である、と述べた。他言すれば、それは、物理的、心的システムの統合体（人間レベルの場合は、身体的、心的システムの統合体）、より存在論的には自然、認識的システムの統合体であると一般化できる。そのようなシステム、すなわち自然、認識的システムの統合体を正確に記すならば、自然的・認識的システムとなる。また自然的システムは、自己安定・自己組織的システムであり、認識システムは、自己安定・自己組織的システムであると再限定できることから、自然、認識的システムは、自己安定・自己組織的システムであると再定義してもよいであろう。

このシステムは、この宇宙に、この世界にくまなく実在し、存在している。そのシステムは、常に相互に関係しあったなかから異種のシステムを創造しており、システムの創造過程が大河になってこの宇宙を多元的に、多目的に、多時間多空間的に流れている。多元的に、多目的に、多時間多空間的に流れているシステムの接触点あるいは面に具体的名称を持ったシステムが形成されて、創発してくる。形成されて、創発してくるシステムは、私的な、主体的動機によって活動を強めたり、弱めたりできるが、他のさまざまなシステムとの接触によって現れてきたシステムとなると公的システムといえる。この段階では、相互のシステムは、相互依存関係によって相互に規制・限定しあっていることから相互主体性（あるいは相互主観性、間主観性といってもよい。いずれにせよそれを英語表現をすれば、

intersubjectivity であるからだ。）という概念が妥当するであろう。この相互に規制・限定しあうシステムは、なぜそうなるのかについては、そうすることによって相互のシステムが持続可能となるからであり、生存の価値が実現されるからである。この生存の価値は、どのようなシステムにとっても限定し、限定される価値であるから永久的過去からと、同時に永遠なる未来から規制・限定されていると解釈しても問題はない。これは、私の今使っているパソコンのこの、今の文章は、やはり今の時点から未来のあるべき目的を考えて記しているのであって、このことはまた未来からの今の私の思考への介入、進入の考え、限定を受けていると考えてもよいであろう。この一連の過程にシステム相互の価値比較によってより洗練された宇宙システムの完成に向かって、それぞれのシステムが存在しているのである。

以上論じたことは、システムの哲学の存在論的、形而上学的、宇宙論的、宗教的、さらには認識論的原理を全面的ではないにしても、部分的に要約したことになる。

六、システムと神と神々――自己安定的・自己組織的システム

システムの哲学では、神もしくは神々が存在するとも断定できないし、また存在しないとも断定できない。ただ神は概念として、また考え方としてどのように考えることができるかという単なる言及する対象だけである。したがって、このような神への言及が意味があるか、ないかは読者の判断を待つしかない。

もし多くの哲学者や宗教家が飯の種にしているような、神の存在についてシステムの哲学、すなわちシステム哲学

もどのように考えているのかと問うならば、それなりの回答を出しておかなければならない。その回答は、「神はシステムである」、もう少し厳密にいうならば、「神は常に神々であり、それらはシステムである」ということになる。システムは常に複数のシステムズであるから、神も常に神々なのである。したがって単一の創造者としての神の存在は結果的に否定されているか、あるいは初めから問題にされていない。以上のことから単一の神を含めた神々は、システムである、と結論できる。このことから神々を対象とする宗教に対してシステム哲学は、言及できることになる。

「神々はシステムである」ことを説明あるいは勝手に解釈してみよう（どんな宗教であろうとこの程度の表現しかできないはずだ。それ以上などというい方が現れるならば、危険、危険、赤信号そのものだ。最も大事なことは、個々人が神々の解釈能力を持つことだ。そして黙って生きればよいのだ。教祖などは狂祖であるから、要注意である）。システムとは、その言語的意味からして「一緒になってある」、「まとまってある」という意味である。神もしたがって「一緒になってある」、「まとまってある」という意味になる。このことから神々は、「一緒になってある」、「まとまってある」ことそれ自体を指し、共生の考え方である。

神は、自然・認識システムであり、また自己安定的・自己組織的システムである。より厳密には神々は、自然・認識システムであり、また自己安定的・自己組織的システムである、と言及できる。宇宙論的に、この宇宙には、自然・認識システムが究極的に存在し、より機能的表現をとれば、自己安定的・自己組織的システムが存在するといえる。自然・認識システムの自然システムは、この宇宙の物理的出来事を処理するシステムであり、自然・認識システムの認識システムは、この宇宙の情報的出来事を処理するシステムである。このような統合した自然・認識システムは、この宇宙の物理的出来事を処理しながら、そしてまたこの宇宙の情報的出来事を処理しながら、自らのシステムの安定を図り、ある状況下では新しい世界構築に向かって自らを再編しながら、新しく世界に向かって創発していく進化発展するシステムである。人間が概念として作り出した神もしくは神々は、一方に人間社会の統合をもたらしたが、他方で紛争、破壊、戦争、偏見、差別感をもたらした。平成二〇年、つまり西暦二〇〇八年に至って神は、神々と共に手を取り合う協力的神あるいは神々に結果的になってきた。このことは、神の原初的本性は、結果的本性からみて、神ではなく、神々であったの証しであり、ホワイトヘッド的にいえば、神の結果的本性からして協力する神々であったのである。

もし神は別の神から物理的出来事と情報的出来事を入力できるとすれば、それらを無意識的、意識的に判断し、出力し、他の多くの神々と安定した世界を作ることができる。しかしその世界がまた別の世界の神から挑戦あるいは勧誘があったならば、それらに入力し、無意識的、意識的に判断し、出力することになる。これら両世界に共通の価値の一致があれば、前の両神の環境を新しい世界のなかに地図化し、つぎに企図化し、繰り返すことによって、新しい協力する神を作り出す。この過程で価値の一致が見い出せない神とは、共に歩む神ではなく、別れていく神となる。神や神々にも、絶対的価値はなく、神や神々の共通の価値、協力の価値が協力の神々の世界と秩序を作り出し、創発していくのである。神や神々は、協力していくことによって神や神々の協力を生み出し、友となり、平和な神々の世界を形成することになる。このような形成された世界では、神々とともに神々が生き、生かされており、万物の一つずつが中心となった共生の世界と秩序が形成される。そして相互に依存しながら、相互教育を通じて相互主体のなかから新しい神々が形成され、協力を生みだしてくる過程的な神々、すなわちシステムの神と神々、さらには神と神々のシステムが形成されると同時に、また形成の過程を歩むのである。

以上のことから、システム哲学はシステム教に言及できるのであると述べておこう。ただしシステム教は、システム狂の範囲を超えることができないので、教祖も狂祖を越えていないだろう。このことからこの狂祖は、教壇ではなく、狂壇を造ることなく、「狂祖一人、信者一人」のシステム狂でよしとしているのである。組織的宗教集団は、いつの時代でも要注意である。

七、A・N・ホワイトヘッドの哲学とシステムの哲学を比較した結論

ここでは、ホワイトヘッドの哲学とシステムの哲学を比較することによって、それらの構造的類似性を考察してみた。そしてシステムの存在論の成立根拠を探ってみた。システムの哲学は、この宇宙を生命的現象を表象している自然的・認識的システムを究極的存在者とし、それは、外界からエネルギーおよび物質、または情報を取り入れて、処理し、外界に放出しつつ、自らのシステムの安定化を図るとともに、ある時空の状態においては自らのシステムの内的構造を再編成して再組織化していき、またその様な自然的・認識的システムは、そのシステムのエネルギーおよび物質の欠如あるいは不足は、認識的システムの情報処理過程を通じて補足されるとともに、またそのシステムの情報の欠如あるいは不足は、自然システムのエネルギーおよび物質処理過程を通じて補足されると論究するのである。それは神がやっているかどうかではなく、そのようなシステムがそのようにやりながら、この世界に現れ、また表しているのでもある。システムの哲学は、この宇宙を生命的現象として捉えると同時に、エネルギーおよび物質、さらに

情報を必要条件であると同時に、十分条件でもあるとした点で二一世紀の哲学として人類史に残るであろう。(3) システムの哲学は、とくに存在論と認識論との統合をもくろみながら、その可能性をここでささやかに論じてみた。

註と引用文献

(1) 存在についての優れた論説は、以下のものから得られるであろう。沢田允茂『昭和の一哲学者』慶應義塾大学出版会、二〇〇三年

(2) この神と現実的存在については、荒川善廣『生成と場所―ホワイトヘッド哲学研究』の第四章に触発された。私は神と使わなくても、それをシステムと使うことによってその原初形態がカオスとすれば、宇宙創造が説明できると確信するようになった。

(3) 私は常に、新時代の哲学の建設に向かって研究してきた。そのことが最近中国の研究書のなかで取り上げられていることが分かった。次の日本語訳に載っている。中国社会科学院『戦後日本哲学思想概論』(本間史訳)、農文協、二〇〇〇年、三十七頁

参考文献

伊藤重行『日本から新しいの文明の波』勁草書房、一九九五年
A. N. Whitehead, *Process and Reality* (Corrected Edition), NY: Free Press, 1978.
A・N・ホワイトヘッド『過程と実在(上、下)』山本誠作訳、松籟社、一九八五年
J. L. Nobo, *Whitehead's Metaphysics of Extention and Solidarity*, Albany: State University of New York Press, 1986.
伊藤重行『システム哲学序説』勁草書房、一九八八年
中国社会科学院『戦後日本哲学思想概論』本間史訳、農文協、二〇〇〇年
伊藤重行「システム哲学とシステム的世界観について」『哲学』三二号、一九八二年
間瀬啓允『エコロジーと宗教』岩波書店、一九九六年

Shigeyuki Itow and Yamakawa, N, "Self-Organizing Leadership in Japanese Management," *CYBERNETICA*, Vol.36, No.2, Namur (Belugium), 1993.

Shigeyuki Itow, "Views On Asia-Pacific Order," *ASIA-PACIFIC ECONOMIC REVIEW*, No. 3 (4), Hanoi, Vietnam, 1994.

Shigeyuki Itow, "The Philosophy of Asia-Pacific Region: Individualism, Collectivism, or Systemism," Collected Papers Edition by B. Kim, 1996.

Shigeyuki Itow, "The Business Order in Asia-Pacific Region," *The Asian Manager*, Manila: Asian Institute of Management (CD-Rom), 1998.

Shigeyuki Itow, "Systems and Reality in Whitehead's Theory," (unpublished paper), presented at the 1999 International Conference, Fairfield University, Connecticut, U.S.A.

田中裕 『ホワイトヘッド』講談社、一九九八年

宮内海司『共生の哲学』状況出版、二〇〇〇年

山本誠作『ホワイトヘッドと現代』法蔵館、一九九一年

M・デーヴィトソン『ベルタランフイ——越境する巨人』鞠子英雄・酒井孝正訳、海鳴社、二〇〇〇年

石川昭・奥山眞紀子・小林敏孝編『サイバネテイック・ルネサンス』工業調査会、一九九九年

Nobert Wiener, *Ex-Prodity – My Childhood and Youth*, MA: MIT Press, 1964.

第十一章　A・N・ホワイトヘッドと長谷川光二の美的世界の探求

A・N・ホワイトヘッドは、イングランドの東の果て、イングランドとヨーロッパ大陸とを分ける狭い海峡の町、ラムズゲートに一八六一年に生まれる。彼はラムズゲートからケンブリッジ、ケンブリッジからロンドン、そしてロンドンから米国・マサチューセッツ州ケンブリッジの三つに人生を区切ってみることができる。八七年の生涯であった。(1)

長谷川光二は、京都の文化を伝える東の果て、東海道五三次の東の出発地、東京日本橋・小伝馬町に一八九八年に生まれる。彼は、小伝馬町から神田・神保町、お茶の水界隈、小伝馬町から北見、そして北見から釧路湿原の北側、鶴居村チルワツナイへと、やはり三つに人生の区分が可能である。七六年の生涯であった。(2)

ホワイトヘッドは、教会牧師の家庭に生まれ、研究者として、また学者として一生を過ごしたのに対して、長谷川光二は、江戸期からの老舗の箪笥製造販売店の家庭に生まれ、ウイリアム・モリスを研究する一方で農夫となり、牧場経営をする傍ら俳句を詠う生活をした。長谷川光二は、ほとんど完璧に近い英語力を持っていたし、米国から雑誌を取って読んでいたほどであったので、ホワイトヘッドと交信しようと思えば交信できたのであったが、そうすることはしなかった。ただしホワイトヘッドの本を通じてホワイトヘッド自身を知っていたのである。本論では長谷川光二は、ホワイトヘッドから何を学び、そしてどのように人生を送ったのかについて、言及してみよう。

一、A・N・ホワイトヘッドの世界

1、A・N・ホワイトヘッドの哲学の経緯

ホワイトヘッドは日本の明治維新が起こった一八六八年にイギリスのラムズゲートに生まれ、名門シャーボン校に学び、その後ケンブリッジ大学を卒業、四〇歳まで悠々と寮監をしながら、数学の研究をしていた。その後ケンブリッジ大学の数学の教授に就任し、バートランド・ラッセルを生徒として教えたが、彼はあまりにも数学の成績が優秀であったために、ホワイトヘッドの推薦で、すぐに学生の身分からホワイトヘッドの助手として採用、そして形式論理学の大著『数学原理』を共同で研究した。このことは、ホワイトヘッドの初期の段階は、数学研究であり、つぎにB・ラッセルとの協同研究としての記号論理学の研究、そして論理学上の問題が起こって彼との分裂を経て科学哲学に入った段階として記録しておくことができる。英国を去ってから彼は、科学哲学を経て形而上学に深化して行ったのである。これらの諸段階を段階を慎重に検討してみると、その根底のなかにきわめて強烈なライトモチーフが横たわっていることに気付く。彼は、初期の数学の段階で点に対するアンチ・テーゼとして出来事（event）の概念を提起し、中期の科学哲学の段階で機械あるいは機械論（mechanism）のアンチ・テーゼとして有機体あるいは有機体論（organism）の概念を提起、後期の形而上学の段階で実体（substances）のアンチ・テーゼとしての現実的実質（actual entities）あるいは現実的契機（actual occasion）を提起している。(3)

この一連の出来事といい、有機体、現実的実質といい、ホワイトヘッドの思考と哲学を表象するそれらの概念は、今日のわれわれにとってどのような意味を持っているのだろうか。筆者は、その解答としてつぎのように、つまりホワイトヘッドが生きた時代の二〇世紀科学・哲学・思考の限界を明敏に感知し、それらでは説明不可能な世界の予知を自らの創造した概念で説明を加えたのである、と考えている。この意味で彼の提起した諸概念を表面的に捉え、たとえば有機体を有機体説のように解釈し、彼の思想と哲学を保守主義的なものと解釈してしまうことは暗に避けなければならないのである。またもう一つの意味として彼自らの創造した概念があまりにも理解不能――多くの研究者にいわれているが――であるとして、放棄してしまうことも多くの彼の提起した問題を見逃してしまうのではないかと考えられる。筆者が彼の研究を遂次追ってみるなかで気付いたことは、彼が意図し提起した哲学が、最初から今日のわれわれの「科学的、哲学的思考」とそれらの思考の限界を見抜いた上で、創造的に構築されていたということである。われわれの「科学的、哲学的思考」と称した学問のあり方への警告であったのである。

2、A・N・ホワイトヘッドの美を理解する前提

本論のテーマは、ホワイトヘッドの「美」についてである。ホワイトヘッドは、どんなことを「美しい」とか「素晴らしい」と考えたり、感じたりするのであろうか。そのような思考や感覚について、彼は文明が進歩してきたのはわずか三千年にしか過ぎないとしている。彼によれば、人間の魂としての「プシケー」について、他言すれば「心」について人間が問い始めたのはこの文明化が始まってからと考えている。[4] そして文明化し始めた人間社会の構成員は、互いに相手を「情緒、情熱、快と不快、知覚、希望、恐怖、目的などを享受している個人として認識し、……また真偽、美醜、善悪についての判断を含む知的理解の能力もある[5]」と考え、生きており、お互いが同じような認識を

し、社会経験や社会という組織を形成している。この論述は、仮にこの世界に一人の人間だけでは、美の世界が成立しないと暗に示しているといえる。

前記のホワイトヘッドの美、美しさ、素晴らしさに対する解説でそれらの意味が十分に理解できないのであるが、『観念の冒険』の第四部「文明」を読むと一層理解が深化する。ホワイトヘッドが文明化した社会、あるいは文明化した国家、文明化した国民、文明化した個人とは、真理、美、真理と美、冒険、平安（原語はpeace＝平和）について何らかの認識を持つこと、すなわち哲学を持つこととしているのである。しかしながらこれら五つの概念を議論する前に、ホワイトヘッド哲学の根本である一緒になってある意味の共在性、さらには創造性、合生、手を結びあうような抱握性、フィーリング（感受あるいは感じ）、主体的形式、与件、現実的実質（原語はActual entities＝現実存在）、生成、過程を理解しておかなければならない。これらの概念は、哲学的には存在論的範疇といえるが、しかしそんなに難しい言葉を使わないでも、「ある事物が死と生の間を揺れ動きながら進化して行く生命体」という考えを想像してもらえれば、ここではよいであろう。(6)

3、A・N・ホワイトヘッドの美と美しさの説明

ホワイトヘッドの美と美しさの説明をみてみよう。彼の『科学と近代世界』の「社会進歩の用件」で「……ちょうど西洋世界の都市化が急速な発展を示し始め、新しい物質的環境の持つ美的性質を綿密かつ熱心に考察することが必要になったとき、それまでの美的観念は見当違いであるとする説が隆盛を極めた。工業の最も発達した国々では、芸術は児戯に類したものとして取り扱われた。一九世紀半ばにおけるこのような精神状態を示すいちじるしい例はロン

ドンで見られる。すなわち、テームズ河がうねりながらこの都市を貫流している、その河口の素晴らしい美は、美的価値をまったく考慮されずに建設されたチュアリング・クロス鉄橋によって、気まぐれにも毀損されているのである。この場合二つの悪が見られる。一つは、各有機体がその環境と結ぶ正しい関係を無視することである。いま一つは、究極目標を考えるさいに考慮にいれなければならない環境の固有な価値を無視する習慣である。(7)」と述べている。

前記のホワイトヘッドの美と美しさに対する説明は、理解しやすい。ホワイトヘッドが住んでいた約八〇年前の一九二〇年代に、既にロンドンの環境に対して美的批判をしていたのである。現在の日本における環境破壊に対する批判と受け取っても直ちに理解できる。ここではホワイトヘッドの美意識、環境の美、環境それ自体を構成しているさまざまな主体の美が論じられているのである。しかし以下では、もう少しホワイトヘッドの専門的用語を用いた説明を考察してみよう。実に理解するまで時間がかかる。

ホワイトヘッドは、「美＝beauty は経験の契機におけるいくつかの要因の相互互恵的適応＝mutual adaptation である。こうして原初的意味で美は、諸契機の中で例証される性質である。あるいは逆の言い方をすれば、それは、これらの契機が関与する事ができる性質である。美と、美のタイプにはさまざまな段階がある。(8)」と述べ、「適応＝adaptation は、目的＝end を含意している。こうして美は、適応の目標＝aim が分析される時に定義されるだけだ。この目標は二重になっている。それは、さし当たってまず、種々の抱握間の相互互恵的な抑止の欠如であり、したがって、種々の抱握の客体的内容から自然的かつ適切に——あるいは一言でいえば、順応的に——生起する主体的形式のさまざまの強度が、相互互恵的に抑止し合わないということである。(9)」と述べる。これらが保障されていると、小さい形の美と大きな形の美のコントラストを作り、それらが相互に関係し合ってさまざまな抱握が起こり、そしてさまざまな強度が生じて、その強度に応じて諸部分が全体の重厚な感じ＝feelingsに寄与し、また全体は諸部分の感じの強度に寄与する。まとめてみると、「美の完全性は、調和の完全性として定義され、調和の完全性は、細部における、そして最終的総合における主体的形式の完全性と定義できる。主体的形式の完全性は力強さと定義でき、それは細部の多様性を伴う重厚さと、質的多様性とは無関係の大きさとしての適度な強度と言い換える事ができる」[10]と述べている。そしてまた美という用語には二つの意味があり、原初的意味として、それは、「宇宙における完全にリアルな事物である現実的契機において実現される美である。しかし契機の分析において、その客体的内容の若干の部分が美しいと呼ばれるのは、それらが完結する契機の主体的形式を完成するため順応的に寄与するがゆえであるかもしれない。」[11]し、つぎにもう一つの意味で「ある契機に実現される美は、その契機がそこから成立する客体的内容と、その契機の自発性とに依存している。」[12]と述べている。ここでの前者の原初的意味での美は、宇宙が完成し調和していく過程でみせる、美しさの美であり、後者の意味での美は、ある芸術家や美の関係者が、作品を通じて自発的に作り上げていく美しさの美、（ある場合には芸術家や詩人の魂といってもよい）であることになる。あるいはまた前者を自然の美と、後者を人工の美と言い換えても大きな間違いではない。前者と後者の違いは、完全性の観点からどちらが完全であるかの差である、と解釈できる。この完全性はまた真理と置き換えてもよく、言い換えれば真理は宇宙における完全性の追求の過程であり、そうであればそれぞれの契機も美しい美を現実化し、全体としての宇宙は美を表現していることになる。この意味で美と真理は切り離せないのである。[13]

二、長谷川光二の世界――日本のソロー

1、長谷川光二がA・N・ホワイトヘッドから学んだこと

長谷川光二は、関東大震災の大正一二年九月一日まで東京でウイリアム・モリスなどの研究をしていたが、その震災を契機に、いっさいの過去を捨て、北海道に農夫になるために移転した。昭和三年から昭和二八年まで釧路湿原の北側、鶴居村チルワツナイに入植、開墾、そして長谷川牧場の建設と経営をこなしていた。厳しい労働の一方、昭和一〇年頃から俳句を詠い、楽しんでいた。昭和二八年、大雪が降り、飼料不足から牛の餓死が発生、年齢も五七歳になり、いっさいの牧場経営から身を引き、人生を楽しむ方向に転換した。

昭和三一年に市井三郎の『ホワイトヘッドの哲学』（弘文堂、一九五六年）を購入したのが、長谷川光二のホワイトヘッドとのつき合いの始まりである。この本をくまなく読み、感動したようだ。というのも彼は、ゲーテ、バイロン、イエイツ、トルストイ、ヘーゲル、ワーズワース、ウイリアム・モリス、ブレイク、クロポトキン、ラスキンなどを原語で読んでいたし、英語、ドイツ語は辞書なしで読める能力を持っていた。そのためホワイトヘッドの哲学が何を語ろうとしていたかは、彼にはすぐに理解できたのである。彼の記録のなかで注目すべき点は、以下のところである。(14)

We have no black looks or angry words for our neighbour if he enjoys himself in his own way (*Dialogues*, p. 20).

「われわれの隣人が自分なりのやり方をして人生を楽しんでいるのであれば、その隣人に対して険しい顔つきをしたり文句を言ってはいけません。」(伊藤訳)

彼の多くの記録のなかでも、とくにこの英文のところに二重丸の鉛筆の印が付いている。[15] この英文の意味に長谷川光二は、いたく感動する心境を持っていたと推測できる。人間がある文章や他の人々に感動するには、それなりの思想、哲学を持っていることと、同時に心境、すなわち当人が置かれている環境(内的・外的環境)による。その環境を知るのに以下の俳句によって知ることができる。時は昭和三一年五月の春(北海道・釧路湿原は五月が初郭公の季節)である。

住み古りぬ　山荘にまた　初郭公
家びとは　みな町に去り　初郭公
書き送る　遮莫文書くすぐや　初郭公
李花白し　古き友の急逝　初郭公

昭和三一年五月頃に吉田絃二郎死去の報に触れて作る(宮内秀雄『高校から大学への和文英訳のこころ』大修館、昭和三一年の中に新聞の郵便発送用帯に走り書きしていたもの――平成一四年一一月私が調査中に発見。)

最初の第一句は、自分が住んでいる山荘風の家も古くなったが、そこにもまた郭公が鳴き、しみじみと昭和三年入植・開墾以来の思い出が湧いてきたのだろう。第二句は、自分一人がこの山荘で暮らすようになったことの現状報告と、さらには東京に行って生活している二人の娘と息子一人の安否、釧路の教育大学でピアノを教えている妻、そして三女の高校生活などのために故郷を去った家族への想いを詠ったものである。第三句は、遮莫文となっているので長谷川光二にこれから先にどうするのか、一人でここで生活するのかどうかといった生活上の問題があって、それらのことなどが雑音であって自分はここで生きるといった決意証明のような文章をしたためていた故に、初郭公がなき自分を応援してくれたと解釈したのであろう。最後の第四句は、青春、青年時代から自分を支援してくれた吉田絃二郎の死去の報に接して、ちょうど「すもも」の白い花が咲いていたのであろう。惜別の歌になっている。これら四つの俳句のなかを流れているテーマは、寂しさ、悲しさ、虚しさ、孤独感である。

にもかかわらず長谷川光二は、自分の建設した故郷、釧路湿原の北側の鶴居村チルワツナイを去らなかったのである。それは、徹底した人間の生き方、自分の生き方をしようとしてここにきたのであり、どなたにも迷惑をかけないという徹底した個人主義の精神を身につけていたからである。精神が、内的環境としての心が外的環境のさまざまな雑念や雑音を追い払い、一人そこに生き、そして魂としてそこに漂ったのである。

以上のような昭和三一年の五月頃の春の生活空間を持っていた長谷川光二が、ホワイトヘッドを知ったのは市井三郎の『ホワイトヘッドの哲学』（弘文堂、一九五六年）からであったので、この初版が七月出版であったから少なくとも夏以降であるとなる。ホワイトヘッドの先述した英文の意味は、「われわれの隣人が自分なりのやり方をして人生を楽しんでいるのであれば、その隣人に対して険しい顔つきをしたり文句を言ってはいけません」といったことである。この文章の意味は、長谷川光二自身の生き方でもあったし、また家族、子供たちが自分なりの生き方をしていくのだからそれでよいといった心境と一致したからである。ホワイトヘッドのフィーリング、抱握、適応、完全性という美の世界が、長谷川光二の実際の生きた生活のなかで満足し、美しさの世界、美の世界が相互互恵的に適応し合って一致したのである。長谷川光二は、ホワイトヘッドから主体としての個、個のあり方、さらには個人主義、美しさ、美の世界のあり方を学んだのである。

2、長谷川光二の美を理解する前提

ここで簡単に長谷川光二の履歴をお知らせしておこう。彼は明治三一（一八九八）年八月一五日、東京日本橋小伝馬町に生まれ、三男一女のなかで次男であった。父親は幼少のころに亡くなった。母親と長男の伝次郎を中心に家業の箪笥製造販売を営み、江戸期からの老舗であったといわれている。長谷川三兄弟は、長男の伝次郎、次男の光二、三男の堅三である。三兄弟は一時的には協力したが、最終的にはそれぞれの道を歩み、成功した。長谷川三兄弟は、今の三越本店のある日本橋の近くの小伝馬町を生活の場にしていた。江戸情緒がたっぷり残っていた大都会である。日本橋は東海道五十三次の出発地であるから京都の文化が直に伝わってくる地でもあり、長谷川光二の生き方にも多大の影響を与えた。

長谷川光二は、一回り年長の吉田弦二郎が触れているように、幼少のころから心優しい少年であった。また普通の少年以上に未知なることに興味があったとも友人たちが語っている。あの鶴居村チルワツナイの地で真夜中の夜空の星を眺めていると宇宙の不思議さを感じたであろう。電灯もない真っ暗闇の夜空、輝きは星だけなのである。一生電気なしの生活であったが、携帯ラジオは必需品であった。

長谷川光二は、明治期に、現在文京区のお茶の水女子大学付属幼稚園に学び、その後近くの高等師範付属小・中学校（元東京教育大学付属、さらに筑波大学付属に変わる）に進学。どちらも日本の教育史に上る程の名門であったことは東京に住んでいる者にあってはすぐ分かる。高等師範付属小・中学校では先輩に渋沢敬三（財界人）、尾高朝雄（経済学者）、中村為治（詩人バーンズの専門家）、後輩に市原豊太（フランス文学者）がいた。大正六年に、神田神保町近くの一ツ橋（今の如水会館）にあった東京高等商業学校（後に国立市に移り一橋大学に変わる）に入学。そこでは上原専禄（一橋大学学長）。また年次不明だが、吉田絃二郎（大正・昭和期のベストセラー作家）、石川三四郎（アナキスト）、望月百合子（婦人運動家）、東海林太郎（歌手）などが友人であった。自分の先生は会ったことがない本阿弥光悦（京都、工芸文化人）やウイリアム・モリス、そして直接、指導を受けた岡田虎次郎（静坐師匠）や三浦新七（一橋大学学長）である。(16)

長谷川光二は、貴重な「開墾記録」と「耕作日記」を残している。概観してみると以下のようにまとめられる。(17)

（開墾期）昭和三年―一二年――長谷川光二、道子と堅三は、昭和三年に鶴居村チルワツナイに入植。昭和三年から六年までの三年間は開墾そのもの。畑地を自分の所有にする為にこの三年が勝負であったので脇目もせず、ただただ開墾に追われた日々である。その後、一二年まで当時では考えられない労働者の雇用（多くの鶴居村などへの入植者は自力で開墾）、材木の販売、薪の釧路への販売、開墾補助金などで支払い。簡単な簿記の能力があった。総監督として長谷川光二が指揮していた。当時考えられない野菜を作っていた。昭和六年頃から釧路、塘路、上士幌から大工を雇い牛舎、家の建築を開始。この時期の昭和一〇年ころから多くの俳句を作り始め、人生を詠った。現在、新規なデザインの住居が七〇年も過ぎても朽ちずに残っている。牛舎も朽ちる寸前だがまた残っていた。そのなかに、米国から輸入した農機具もあり、馬そりや「ばち」といっていた材木を運ぶそりも、乗馬の鞍もまだ小屋のなかにそのままの状態で掛かっている。

〈牧場経営期〉昭和一三年―二八年――開墾記録からみると、一三年からチルワッナイ川の改良工事に労働者を雇い、自力でなしている。この工事は船着場の運河作り(今も痕跡あり)であり、材木の釧路までの運搬や牛肉の東京芝浦出荷に結び付いている。当時の鶴居村や根釧地域に入植した人たちには考えられない構想力を持って実行した。昭和七―八年には放牧型(今のニュージーランド方式)で三〇頭の飼育、最大七〇頭の大規模経営、農機具はアメリカ、ドイツ、イギリス、札幌などから購入した。戦争を境に、と同時に家族の成長があって昭和二三―二七の間、牛二〇頭、馬八頭、羊一五頭、豚二頭、鶏二〇羽前後を飼っていた。このような経営は、現在の酪農経営者にとって耳の痛い話。補助金漬けでもまだ自分で飛べない、自立的経営ができないのだからだ。長谷川光二は自分でそのような経営をしていたのだから行政に頼らなかったし、補助金を当てにしていなかったことが明らかである。昭和二八年大雪で草不足、木の枝まで切ってあげたが牛の餓死発生。

〈生活快楽期〉昭和二九年―五〇年――子供はそれぞれの道を進み、釧路湿原の北側、鶴居村チルワッナイを離れ、奥さんの道子さんは、北海道学芸大学釧路分校ピアノ教師になる。それでも野菜作りはしていたし、薪作りもしていた。既に原始林の開墾、牧場経営の成功失敗の論理が判る。長谷川光二は、森の開墾、他言すれば森の命の殺戮、木の伐採、そして飼い牛の餓死、すなわち命を殺したことに心を痛めている。この時期に青春を思い出したであろうか、学問に精を出して多くの本を読み、また研究に励んでいた。自然のなかでの生活を楽しんでいたし、透き通るようなまなざしをしていた。聖人のまなざしである。

3、長谷川光二の美と美しさの説明

長谷川光二は、ホワイトヘッドから美および美の世界のあり方を学んだ。それが美的世界の認識によく反映している。彼は「丹頂のワルツ[18]」で次のように書いている。すなわち「もともとこの牧場は……鶴のいろいろの生態を観察する機会に恵まれていました。春夏は霧の多い釧路も秋から冬にかけて空がコバルト色に澄んできます。そこを雪より白く陽の光の輝き〈コロコロ〉と呼び交わしながら悠々と舞う鶴の群れ。なぜとも知らずともモーツアルトの音楽を想い、SERENEと言う文字が浮かび、〈ギリシャギリシャ〉と繰り返す自分に気づく。[19]」と。この情景描写は、長谷川光二が過去にどのような生き方、どのような人格の質を持っているかの証である。彼自身の生活の場としての環境の描写、そして美しい自然美の契機としての丹頂、そしてここでのワルツとは丹頂たちが集まってきて、結婚式をしているようである。彼はそのワルツをみながら、脳裏では「モーツアルトの音楽を想い、SERENEと言う文字が浮かび、〈ギリシャギリシャ〉と繰り返す自分に気づく」と述べているのである。音楽や、芸術、美学を身につけた人間の表現であり、ホワイトヘッドの主体形式そのものである。

そして「……親鶴夫婦が……窓の十五間位まで来たことがあります。室内ではピタリと話をやめ息を飲んでその迫らぬ正しい挙止に見とれていると、牧柵の中の馬どもも物静かな鶴には遠慮があるのか近寄ろうとせず、首と尾を高く挙げた様子も小気味よく遠方から好奇心を興奮させています。[20]」と。この情景描写は、鶴の主体、長谷川光二の主体、そして馬の主体のあり方が丹頂のワルツをしていた親鶴夫婦に対する主体の相互互恵的適応の情景としての一つ

の美の世界を形成したのである。しかも馬がどのように相互互恵的適応としての美の世界に参加しているかの描写は見事である。その全体の美にそれぞれの主体が解け合って新しい美の世界を形成したのである。

さらに「……あまりの思いがけなさ美しさ面白さで、いわば芸術的の感動だったからでしょうか、居合わせたのは家族に働く人も入れて七人、皆が皆見ている間は勿論遂に円舞が樹立に隠れてしまってからも、しばし一言も発することができなかったのですから。そして互いにただもう満足してしまって、……詩と真実とはとかくはっきりと分ち得るものではありませんし、〈丹頂のワルツ〉はやはりどこまでも幻想曲であることが相応わしいのでしょう。[21]」と長谷川光二は述べている。ここでは思いがけなさ、偶然性、丹頂の美しさの完全性、自然美と自然の持つ正しさ、宇宙の真理、そして平和で平安な長谷川牧場での丹頂のワルツが契機となって、それぞれがそれぞれなりに満足の極地に達してしまったのである。長谷川光二は、「詩と真実とはとかくはっきりと分ち得るものではありません」と述べている。このことは、ホワイトヘッドが「哲学は詩に似ている。両方ともわれわれが文明と称している窮極的な良識を表現しようとしている」と同じ認識と結論付けてもよいだろう。

4、長谷川光二の美意識と俳句

ホワイトヘッドは、数学、哲学とともに生きた人間であった。長谷川光二は、牧場を経営し、原野の俳人であった。美しさを丹頂を通じて表現した長谷川光二の「丹頂のワルツ」という作品は、ホワイトヘッドの美の世界を体現化して生きた人間であった。と同時に、長谷川光二は美の世界を俳句で表現した人物である。ホワイトヘッド的にいえば、「長谷川光二は文明化した人間」、すなわち真理、美、真理と美、冒険、平和の認識をしっかり持った人物であった。俳句を詠む芸術家、すなわち俳人であったのだ。しかし長谷川光二の多くの俳句は、私の調査時まで明らかにされていなかったものが多い。以下で、長谷川光二の二～三の俳句を通じて長谷川光二の美の世界を表現してみよう。(22)

―秋―

味噌汁は　濃くてもいゝよ　もう秋です
コスモスの　窓にはまどほく　秋が来た

―山荘句日記―

灯しびは　鈴蘭の香りに　聴くショパン
薔薇の香に　憶ひ出は　憶ひ出を越えて

ここではホワイトヘッドの美の世界を究明する一方で、日本の原野の俳人といわれた長谷川光二の美の世界を探求してみた。長谷川光二は原野の俳人といわれ、十勝の原野の画家・坂本直行、摩周湖近くの弟子屈にいた原野の詩人・更科源蔵とともに美しさを持った人間として認知されている。長谷川光二は、牧場経営の傍ら、俳句研究や哲学研究をしていた。ホワイトヘッドの哲学に関心を示し、そして読み、理解し、さらに美的認識の共通性も見い出していた。ホワイトヘッドはどこまでも学者であり、形而上学を構築したが、一方、長谷川光二は、農夫となり、牧場を経営し、美的生活を楽しむ俳人であった。両者の美的世界の探求は、美が真、善、そして聖とともに、一体化していることが理解できた。

註と引用文献

（1）A・N・ホワイトヘッドの生涯について理解するためには、以下の本が役立つであろう。
ルシアン・プライス『ホワイトヘッドの対話』岡田雅勝・藤本隆志訳、みすず書房、一九八〇年
ホワイトヘッド『科学・哲学論集（上）』蜂谷昭雄・井上健・村形明子訳、松籟社、一九八七年、第一章
Wolfe Mays, *Whitehead's Philosophy of Science and Metaphysics*, The Hague: Mrinus Nijhoff, 1977, Ch. 1.

（2）長谷川光二の生涯について理解するためには、以下の本が役立つであろう。
吉田絃二郎『木に凭て』新潮社、一九二三年、二五頁
吉田絃二郎『静かなる土』新潮社、一九二六年、三七―四一、一〇三、二五三―二六二頁
吉田絃二郎「北見の友へ」『わが詩わが旅』早稲田大学出版部、一九二八年、二〇三―二一一頁
吉田絃二郎『人生遍路』（角川文庫）、角川書店、一九五一年、一〇―一一、一六頁
吉田絃二郎『「夜や秋や」日記』第二書房、一九五六年、三七、五七―五八頁
市原豊太「ある牧場の主――長谷川光二」『校内校外』白水社、一九五三年一〇月、一七〇―一八四頁
市原豊太「友達」『内的風景派』文藝春秋、一九七二年、二六〇―二七〇頁
市原豊太「鶴の婚禮」『内的風景派』文藝春秋、一九七二年、四七六―四八四頁
宮田時男『チルワツナイ・長谷川牧場』（私家版）一九八九年
盛厚三「原野の思索家　長谷川光二（戦前編）」『釧路春秋』一九九二年一一月
盛厚三「原野の思索家　長谷川光二（戦中、戦後編）」『釧路春秋』一九九三年

（3）より詳細には、次の論文で論じられている。伊藤重行「出来事・有機体・現実的実質とシステム」『プロセス思想』行路社、創刊号、一九八五年

（4）ホワイトヘッド『観念の冒険』山本誠作・菱木政晴訳、松籟社、一九八二年、一三頁

（5）ホワイトヘッド『観念の冒険』山本誠作・菱木政晴訳、松籟社、一九八二年、一二頁

(6) ホワイトヘッドの哲学を理解するためには、『過程と実在（上）』山本誠作訳、松籟社、一九八四年、『過程と実在（下）』山本誠作訳、松籟社、一九八五年を読む必要がある。私のシステム哲学は、ホワイトヘッドの有機体の哲学の現実的実質を、エネルギーと情報の両方を処理するシステムとして再定義して発展させたものである。
(7) ホワイトヘッド『科学と近代世界』上田泰治・村上至孝訳、松籟社、一九八一年、二六一―二六二頁
(8) ホワイトヘッド『観念の冒険』山本誠作・菱木政晴訳、松籟社、一九八二年、三四七頁
(9) ホワイトヘッド『観念の冒険』山本誠作・菱木政晴訳、松籟社、一九八二年、三四八頁
(10) ホワイトヘッド『観念の冒険』山本誠作・菱木政晴訳、松籟社、一九八二年、三四八頁
(11) ホワイトヘッド『観念の冒険』山本誠作・菱木政晴訳、松籟社、一九八二年、三五一頁
(12) ホワイトヘッド『観念の冒険』山本誠作・菱木政晴訳、松籟社、一九八二年、三五一頁
(13) この点について、ホワイトヘッドは『観念の冒険』の第十八章「真理と美」で詳しく論じている。A・H・ジョンソンは、最高の美は調和的組み合わせがパターン化されたコントラストを持つことによってより豊かになり、過剰な調和は美を損ねると指摘している。参照、A. H. Johnson, *Whitehead's Phiosohy of Civilization*, NY: Dover, 1962, p. 7.
(14) ここの英文は、以下の著書からの引用。Lucien Price（Recorded), *Dialogues of Alfred North Whitehead*, Westport: Greenwood Press, 1977, p.20.
(15) この二重丸の付いている部分を私の平成一四年一一月の調査時にコピーしている。
(16) 参照、伊藤重行「長谷川光二の世界〈4〉」『釧路新聞』二〇〇三年五月一〇日
(17) 参照、伊藤重行「長谷川光二の世界〈13〉」『釧路新聞』二〇〇三年五月二一日
(18) 長谷川光二「丹頂のワルツ」『札幌百点』第二六号、一九六二年四月
(19) 長谷川光二「丹頂のワルツ」『札幌百点』第二六号、一九六二年四月、一三頁
(20) 長谷川光二「丹頂のワルツ」『札幌百点』第二六号、一九六二年四月、一四頁
(21) 長谷川光二「丹頂のワルツ」『札幌百点』第二六号、一九六二年四月、一四頁
(22) 長谷川光二は、多くの俳句を残して逝った。彼の俳句の評価については、彼の俳誌『土』の論評によっている。参照、伊藤重行『釧路湿原の聖人・長谷川光二』学文社、第五章、伊藤重行『誰も知らない三つの鶴居を教えます』フォーネット社、二〇〇七年

参考文献

伊藤重行『日本から新しい文明の波』勁草書房、一九九五年

伊藤重行『システム哲学序説』勁草書房、一九八八年

伊藤重行「システム哲学とシステム的世界観について」『哲学』三二号、一九八二年

伊藤重行『釧路湿原の聖人・長谷川光二』学文社、二〇〇五年

A・N・ホワイトヘッド『過程と実在（上、下）』山本誠作訳、松籟社、一九八五年

間瀬啓允『エコロジーと宗教』岩波書店、一九九六年

田中裕『ホワイトヘッド――有機体の哲学』講談社、一九九八年

宮内海司『共生の哲学』状況出版、二〇〇〇年

山本誠作『ホワイトヘッドの宗教哲学』行路社、一九七七年

市井三郎『ホワイトヘッドの哲学』第三文明社、一九八〇年

ヴィクター・ロー『ホワイトヘッドへの招待』大出晁・田中見太郎訳、松籟社、一九八二年

Ch・ハーツホーン『ホワイトヘッドの哲学』松延慶二・大塚稔訳、行路社、一九八九年

ポール・クンツ『ホワイトヘッド』一ノ瀬正樹訳、紀伊國屋書店、一九九一年

Laszlo, Ervin, *La Metaphysique De Whitehead*, The Hague: Martinus Nijhoff, 1970.

Laszlo, Ervin, *Beyond Scepticism and Realism: A Constructive Exploration of Husserlian and Whiteheadian Methods of Inquiry*, The Hague: Martinus Nijhoff,1966.

J. L. Nobo, *Whitehead's Metaphysics of Extention and Solidarity*, Albany: State University of New York Press, 1986.

Shigeyuki Itow and Yamakawa, N., "Self-Organizing Leadership in Japanese Management," *CYBERNETICA*, Vol.36, No.2, Namur (Belugium), 1993.

Shigeyuki Itow, "The Philosophy of Asia-Pacific Region: Individualism, Collectivism, or Systemism," Collected Papers Edition by B. Kim, 1996.

Shigeyuki Itow, "Systems and Reality in Whitehead's Theory,"（unpublished paper）, presented at the 1999 International Conference, Fairfield University, Connecticut, U.S.A.

第十二章　A・N・ホワイトヘッドの持続性——地球文明の有機的統合に向けて

最初に持続性（Sustainability）という言葉を耳にしたのは、一九七六年にアメリカ建国二百年祭を記念してフィラデルフィアで開催されたローマ・クラブの国際会議であった。この会議で議論された内容について、当時アメリカで発行された雑誌『ＴＩＭＥ』に会議全体の報告と、また議論になった南北問題の解決方法として持続的発展、すなわちSustainable Developmentのことが記載されていた。この時に初めて、形容詞である「持続的」の名詞形としての「持続性」を筆者が意識したことになった。今から約三〇年も前のことであった。約三〇年の時間的経過のなかで、今日持続性という概念が人類の未来にとって重要になってきた。ホワイトヘッドは、直接的にこの持続性（sustainability）については触れていないが、しかし彼はデカルトの「持続」[1]（endurance）、「存続物」[2]（enduring objects）に対して批判し、一貫した論理的検討を加えた上で、さらに「生存」[3]（survival）に言及し、持続性が彼の現実的実質の基本概念から導出されてくるとしている。ここでは、持続性（Sustainability）の現状と問題について究明してみよう。

一、A・N・ホワイトヘッドの持続性と生存

ホワイトヘッドは、自らの有機体の哲学にとって重要な観念として現実的実質、抱握、結合体、そして存在論的原

理をあげている。この四つ観念のなかで抱握をあげた理由として、つぎのように述べている。すなわち、「一元的実体の宇宙論を獲得する目的を持っている私は、抱握がデカルトの精神的思惟、ならびにロックの観念を一般化したものである。それはあらゆる段階の個体的現実態に応用可能な、最も具体的な仕方の分析を表現するためである。デカルトとロックは、二元的実体の存在論を主張した。……デカルトは物体的実体に、……ロックは精神的実体に……力点を置いた。……現実的諸実質は［それらが］抱握し合うゆえに含み合っている。[4]……」と述べている。

ホワイトヘッドのデカルトとロックの二元論批判は明らかである。ホワイトヘッドは一元論的統一を図ろうとしたのである。彼の四つの重要な観念を検討してみると、一元論的統一とは唯一絶対なる一元的究極性を求めたのではなく、現実的諸実質は相互に抱握し合った多様性と柔軟性を伴った統一であり、現代風に抱握を翻訳すると、相互依存関係にありながら統合している状態のことを指しているのである。この志向性は、私の「システム」の存在論的原理に合致している。

前記のホワイトヘッドのデカルトとロックに対する批判は、政治哲学的には近代の主権国家論批判であり、帝国主義や植民地主義批判につながるものである。存在論的には神を第一義的に創造者とする一元論批判であり、神と人間の二分割化批判である。認識論的には主体と客体の二分割化批判であり、それらの相互依存関係の強さと弱さの差異に注目する事の大事さを示唆しているのである。したがって彼の哲学は抱握、感受、共在性の概念を必要とすることになるのである。これもまた私の「システム」の概念と等価である。システムとは「一緒になってある、あるいはまとまって置いてある」という意味だからである。

二元論を批判したホワイトヘッドは、つぎに重要な持続性に係るホワイトヘッドの用語のendurance とはどのようなことなのであろうか検討してみよう。ホワイトヘッドは、デカルトのendurance（「持続」）[5]の取り扱いは非常に表面的であるとして批判し、「生成のすべての働きのうちには、時間的延長をもったあるものの生成があるが、その働きそのものは、それが生成したものの延長的可分性に対応する生成の働きの前半と後半とに可分的だという意味では、延長的ではない。……創られたものは延長的だが、その生成の働きは延長的ではない、という説が表明されている。……真なる事物はその具体的満足という性格において、その時間の前半に関わる抱握と、その時間の後半に関わる抱握とに可分的である。この可分性がその延長性を構成する。しかし時空的な下位－領域とのこのような関わりは、当の抱握の与件がその下位－領域にふさわしいパースペクティブをもって客体化された現実世界だ、ということを意味する。しかし、抱握は主体的形式を獲得する。そしてこの主体的形式は、真なる事物の心的極に属する概念的抱握との統合によってはじめて、十全に決定的なものとされる。合生は、本質的に、究極的な自己超越体としての創られたものに関わる、主体的指向によって支配されている。この主体的指向は、一つの創られたものとしてのそれ自信の自己－創造を決定するこの主体それ自身である。こうして、主体的指向はこの可分性にあずからない。もしわれわれが前半に関わる抱握にのみ注意を限るならば、それらの主体的形式は無から生起してきたのである。というのは全体に属する主体的指向は、今や排除されているからである。そのときには、主体的形式の進展は、いかなる現実態にも関連を持ち得ないであろう。存在論的原理が侵害されている。……この議論を要約すれば、心的極が主体的形式を決定し、そしてこの極は、全体としての真なる事物と不可分だ、ということになる。[6]」。ホワイトヘッドの持続の考えは、明らかに心的極と物理的極の一元化であり、心身統合論にみる持続の考えであり、やはりデカルトの二元論批判である。

このenduranceは、survaivalに連結していくのである。ホワイトヘッドは、社会をenduring objectsとみている。そのために社会はより広い社会環境を必要とすると考え、その広い社会環境との関係性のなかから安定した社会と不安定な社会が出てくると考えている。(7)敷衍するならば、国家においてもどのような国家が安定し、どのような国家が不安定になり、生存できなくなるかは、その国家が国際関係的環境のなかで、帝国を作り、孤立化し、不安定になるか、あるいはその逆を遂行する事によって安定化し、生存するかのどちらかである。国家の時代の持続性は、ホワイトヘッド的にいえば国際関係的環境との間での心的極の無視、私のシステム論からすれば開放的で、情報交換が次第になくなり、帝国は築いたが、結局エントロピーの増大によって帝国が生存できなくなってしまうことを意味している。ホワイトヘッドは、デカルトと違い生存とは生存している環境との関係によって保障されると考えている。

二、国家の時代、それは帝国主義と植民地主義の時代である

ホワイトヘッドはまさに国家の時代に生きていた。政治学や政治哲学では国家が全面的に組織化し、今日のような主権国家が一九四か国もの国家群を形成した最初の出発点を一六四八年のウエストファリア講和条約においている。ウエストファリア講和条約を締結した場所は、現在ドイツ北部のミュンスター市に記念館として保存されている。そこでの国家は、至高の価値としての主権を持ち、領土、領海、領空、軍隊、そして国民の支配を持つことになった。これらの要件は、ウエストファリア講和条約締結の一六四八年においては神の支配から国家の支配に転換したという点では歴史的転換と捉えることができるが、その一方で国家間の競争を生み出したのである。ホワイトヘッドがいみじくも指摘しているように、その結果「商業の拡大、技術の改善、そして空いた地域の利用」(8)を拡大させた。このこ

とは現実的実質としての国家がネクサスなしの社会を構造化しなかったことにより、延長的連続体としての商業の拡大、技術の改善、そして空いた地域の利用が自国中心主義の国力の強化に結び付き、結果的に激烈な国家間の競争に発展させてしまった。この方向性の強化に役立ったのは、ダーウィンの進化論であった適者生存の論理である。まさに論理的には戦争におけるゼローサムゲームの到来である。

このゲームの到来は、国家を一つの帝国とする哲学を生み出し、近代国家とは、すなわち帝国主義国家を指すことになる。より強い国家がうち勝つという論理である故に、自国を強くするには他国の領土、領海、領空、軍隊、そして国民を略奪し、自国の帝国国家に組み込んでしまうことはもっとも有効な手段となる。「自分の物は自分の物、もちろん他人の物も自分の物」と考える植民地主義の到来であり、現実に起こったことである。しかし何といっても、国家の時代は、技術を使い、産業を発展させる工業化の到来であったといえよう。最新の技術を持つものが最強の国家を形成できた時代の到来である。一八〇〇年代の半ばまでに日本にやってきたイギリスやアメリカの黒船は、船舶の動力源を蒸気機関に変えたことによって起こった通商の拡大であった。日本はまだ風と手を利用した帆掛け船の時代であったのだ。初めて日本はオランダから先進的な蒸気エンジン付きの咸臨丸を購入したのであった。一八六〇年にこの咸臨丸で勝海舟を船長とする使節団をアメリカへ送り、欧米の力をみせつけられ、明治維新へと日本を変革し、主権国家の成立へと進んだ。そして富国強兵を日本の基本的政策にしたのであった。日本は帝国主義の国家を建設し、さらに植民地主義に突き進んだのは歴史的事実であり、この動向はキリスト教圏の欧米の帝国主義に対抗したものであった。この大きな流れが世界大戦という結果を招いたのであった。

だが問題は、強力な国家を作ろうとすればするほど、またそのために工業化しようとすればするほど他国のみならず、自国の生活環境をも汚染し、国民のみならず国家の生存をも危機に招いてしまったことである。このことは国家の時代に対する警鐘であり、国家の限界を示したものである。そして地球それ自体を意識せざるを得なくなってきたのである。

三、地球の時代、それはローマ・クラブが発案した時代である

地球の時代の到来は、ゼローサムゲームからノンゼローサムゲームへの転換であった。このような転換の契機は、国家の時代の主権国家の内部に存在していた。そのことを指摘したのはローマ・クラブであった。私も参加したことがあるローマ・クラブは、今からもう既に三五年前の一九六八年に設立されていた。この名称は、最初の会合場所がローマであったためそのように名付けられた、と同時に最初の唱導者がイタリア人であったことにもよるといえるであろう。そのイタリア人の名前は、アウレリオ・ペッチェイ(9)(Aurelio Peccei)という人物であった。一九七〇年にローマ・クラブは、スイス法人として正式に設立され、世界的に活動が開始された(10)。ローマ・クラブは、世界で初めての「地球問題研究所」であった。

ローマ・クラブは、今日われわれが耳にする多くの象徴的言葉をわれわれに届けてくれた。「宇宙船地球号」「かけがいのない地球」「持続的発展」「地球的に考え、地域的に活動する」「地球問題症候群」「地球社会」「システム・アプローチ」などであるが、われわれに地球意識や宇宙意識の覚醒を促した。

またローマ・クラブは、その研究成果を世界に報告書として出版した。その報告書はこれからの地球の未来にとってあまりにも強い警告を含んでいたために、反発が強かった。とくに財界からそうであった。当時、財界はバラ色の未来論に酔いしれていたからであった。また、左翼的な政治指向を持つ立場からは、それは「金持ちクラブ」として批判された。現時点からみれば、財界も左翼的な政治指向を持つ立場の人々も、ローマ・クラブの警告を丸飲みしているように思える。新しい研究や展望を批判することは簡単だが、人間はいつも誤りを犯すものだと考え、謙虚な生き方が大事だと思う。以上の点からローマ・クラブの活動は時代が要請した利口な人々の総意の結集であったといえよう。ローマ・クラブの発案の大事なことは、現実の地球上の環境に対する科学的分析に基づいて世界の人々に現状の情報を提起し、人々の意識化を図ったことである。地球時代とは正確な情報を提供し、人々の間に合意形成の契機を作り出し、主権国家を乗り越えたところでの全世界の人々の間に共通の認識を作り出していく時代なのである。ホワイトヘッドは昇天まぎわにペンを取り、国連組織のようなものを作り出し、世界の人々の連携に希望を見い出していたことを思い出してみよう。(11)

ところで、延原時行は地球の時代をどのように考えているのだろう。彼は、環境問題に言及しながらホワイトヘッドの問題提起を援用しつつ、つぎのように述べている。すなわち「ホワイトヘッドの『観念の冒険』で欧米文明が古典文明からテイク・オフすることができたのは commerce（通商）、technology（科学技術）、navigation（航海）によるといったのであるが、二十世紀もドン詰まりの今日において、再びこれら文明進展の三要素は人類史に地球時代を招来する点で重要である。ことに二番目のテクノロジー、これは人類史上に始めて人類に地球上の生命を絶滅させることができる手段を与えた。地球時代とは何にもまして未曾有の危機の時代なのである。(12)」とである。そしてこの危機を脱出するにはわれわれが「絶対」をどう捉えるかにかかっているとし、F・ギブニーと司馬遼太郎の会話を援用しながら「絶対」の認識、これはキリスト教にあり、日本人の認識にはないか、あるいは弱いと結論付けている。とくに絶対とロゴスの神とともに歩むことによって地球的危機を乗り越えようとしている。地球時代は、絶対の認識とその強化によるとしているのであるが、そのことはむしろこの地球上に紛争を拡大し、地球人的連携を弱体化するのではないかという疑念がある。むしろ強い絶対よりも、司馬のいうような弱い、語り合いながら作り出していく新たな地球的価値の創造こそが、われわれの主体的指向であり、地球的持続性が作り出していくのである。現在、われわれは地球的意識から惑星的意識をみている時代である。地球文明の有機的統合は、地球を惑星のなかの一部として考えることによって起こり、具体的には太平洋経済協力協議会(PECC = Pacific Economic Cooperation Council)、アジア太平洋経済協力会議(APEC = Asia-Pacific Economic Cooperation)、先進国首脳会議や宇宙基地で実験されつつある。

四、持続性が問題になった理由

もう既に三〇年間にわたって、あらゆる分野での持続性が問題にされている。この概念が現れてきた原因は、国家が自国の利益を追求するあまり、国家が自国すらも制御不能になりつつあり、新たな秩序を形成しなければならなくなったからである。もう一方ではグローバルな世界企業が各国の中央政府のコントロールをできるだけ避け、自由に企業活動をしたく、ますます地球環境が悪化し、最終的に人類が生存できないという赤信号がみえ始めたからである。さらに戦争は環境破壊の最悪の事態を表すという認識である。持続性は、北の先進国の幾何級数的経済発展と南の後進国のますますの貧困化をどのようにして防ぎ、バランスをとるかという新語として登場してきた。地球文明は、やはり地球的一体化を推進する情報革命と、さらなる技術革新によってもたらされるであろう。この線に沿って先進国は、後進国を有機的に組み込み、新たな植民地主義に落ち込まない方策をみつけだした時に実現できるであろう。もしそうでなければ、帝国主義を脱却できなく、地球の時代は戦争の時代になり、人類の未来は暗いものとなろう。

註と引用文献

(1) A・N・ホワイトヘッド『過程と実在』山本誠作訳、松籟社、一九八五年、一一七頁
(2) A・N・ホワイトヘッド『過程と実在』山本誠作訳、松籟社、一九八五年、五七頁
(3) A・N・ホワイトヘッド『過程と実在』山本誠作訳、松籟社、一九八五年、一五頁
(4) A・N・ホワイトヘッド『過程と実在』山本誠作訳、松籟社、一九八五年、三一―三二頁
(5) A・N・ホワイトヘッド『過程と実在』山本誠作訳、松籟社、一九八五年、一一七頁
(6) A・N・ホワイトヘッド『過程と実在』山本誠作訳、松籟社、一九八五年、一一八―一一九頁
(7) A・N・ホワイトヘッド『過程と実在』山本誠作訳、松籟社、一九八五年、三五六頁
(8) A・N・ホワイトヘッド『観念の冒険』山本誠作・菱木政晴訳、松籟社、一九八二年、一〇四頁
(9) アウレリオ・ペッチェイ (Aurelio Peccei) の著書は以下の通りである。
『横たわる断層』牧野昇訳、ダイヤモンド社、一九七〇年
『人類の使命』大来佐武郎監訳、菅野他訳、ダイヤモンド社、一九七九年
『未来のための一〇〇ページ』大来佐武郎監訳、読売新聞外信部訳、読売新聞社、一九八一年
『二十一世紀への警鐘』ペッチェイ・池田大作共著、読売新聞社、一九八四年
「二十一世紀への行動指針」『「成長の限界」に学ぶ』鳩山由起夫、小学館、二〇〇〇年
(10) ローマ・クラブへの報告書は以下の通りである。
D・H・メドウズ他『成長の限界』大来佐武郎監訳、ダイヤモンド社、一九七二年

M・メサロビッチ他『転機に立つ人間社会』大来佐武郎・茅陽一訳、ダイヤモンド社、一九七五年
ヤン・テインバーゲン編『国際秩序の再編成』茅陽一・大西昭監訳、ダイヤモンド社、一九七七年
D・ガボール、U・コロンボ『浪費の時代を超えて』鈴木胖訳、ダイヤモンド社、一九七九年
E・ラズロー他『人類の目標』大来佐武郎監訳、伊藤重行他訳、ダイヤモンド社、一九八〇年
J・W・ボトキン他『限界なき学習』大来佐武郎監訳、ダイヤモンド社、一九八〇年
B・ハブリリシン『効率型社会への道程図』大来佐武郎監訳、ダイヤモンド社、一九八二年
G・フリードリッヒ他『マイクロ電子技術と社会』森口繁一監訳、ダイヤモンド社、一九八二年
(11) A・N・ホワイトヘッド「良識に訴える」『科学・哲学論集(上)』(蜂谷他訳)、松籟社、一九八七年、八七頁
(12) 延原時行『地球時代のおとずれ』創言社、一九九五年、一四頁以下

参考文献

A・N・ホワイトヘッド『過程と実在』山本誠作訳、松籟社、一九八五年
A・N・ホワイトヘッド『観念の冒険』山本誠作・菱木政晴訳、松籟社、一九八二年
伊藤重行『システム哲学序説』勁草書房、一九八八年
伊藤重行『日本からの新しい文明の波』勁草書房、一九九五年
北川・伊藤『システム思考の源流と発展』九州大学出版会、一九八七年
伊藤重行『アジアと日本の未来秩序』東信堂、二〇〇四年
延原時行『地球時代のおとずれ』創言社、一九九五年
E・ラズロー『想像する真空』野中浩一訳、日本文教社、一九九九年
E・ラズロー『マクロシフト』伊藤重行・稲田香訳、文藝春秋、二〇〇二年

おわりに

人生は短いと実感する。しかも人生をしっかり生きることは、金や財産をたくさん持つことではなく、頭のなかにどれだけ体系的な哲学を持ち、そしてそれで世界解釈ができるか、すなわち内面の世界を持ち、自律的に生きるかであることが分かった。最終的には、教育とは自分の哲学を持つことであるといえる。A・N・ホワイトヘッドの長い間の研究を通じてシステムの世界観、すなわち多元的統合の世界観を持つことができただけの人生であった。日本語の「全部」の世界観である。この美しい地球に生まれ落ちて、森や川や動物や宇宙が一元的世界から成立しているとはとても信じられなかったし、またそれらが二元的世界の精神と肉体に分けられるとも信じられなかった。森や川や動物や宇宙に輝く星もお互いにこの世界に現れてきて、関係し合いながら生きる多元的世界であると直感していた。森や川や動物や宇宙に輝く星にも神々とともにある姿こそ本当ではないかと疑っていた。森に行っても、海に行ってもそこには多様な生命が生き、それらが神々とともに歓喜し合っている世界にみえてならなかった。今や星雲もまた生まれ、進化し、さらに数多くの星雲が無限の宇宙に漂っているという科学的知が明らかである。人間の世界も多元的世界が真理に最も近いと信じて疑わない。多元的世界が一元的世界に、また一元的世界が多元的世界に変化する過程こそこの宇宙的美を生み出し、神や人間や自然の世界もその変化の過程から美を生み出し、全部参加のデモクラシーこそ真・善・美に近いと疑わない。

これまでの学問的指導を受けて来た恩師も鬼籍に入り、私のこれまでの努力を直にみせることができなかったのが残念である。恩師であった故岡野加穂留先生、故大来佐武郎先生、故澤田允茂先生、故泉靖一先生、故蒲生正男先生、故秋永肇先生、故北川敏男先生、故長谷川光二先生、故横山滋先生、故F・ホンジウス先生の霊前に拙書を捧げたいと思う。またお世話になった先輩として北原貞輔先生、倉井武夫先生、梶原豊先生、伊東俊太郎先生、佐藤敬三先生、韓昇助先生、菅来造先生、黒木忍先生、坂井隆一先生、本田弘先生、安世舟先生、吉永雄毅先生、W・バックレイ先生、E・ラズロー先生に無事に研究生活ができていることを拙著を通じて感謝したくここに名を記しておきたい。よき仲間として藤本一美、大木文雄、西村友幸、河本武雄、神戸忠勝、阿部房子、土谷恭子、関口忠昭、盛厚三、安藤誠の名前を記すことができてうれしい。アジア太平洋地域にはここに名を記せない程の多くの研究仲間がいるが割愛したい。本書の内容を熟成させるために、日本ホワイトヘッド・プロセス学会の研究者と九州産業大学の同僚に大変お世話になった。さらに原稿を練り上げる過程で、福岡県立図書館、福岡市立総合図書館、鶴居村ふるさと情報館「みなくる」、釧路市総合図書館、九州産業大学図書館および館員にお世話になったことを記して感謝したい。事項索引と人名索引の作成は、ゼミ生の向野哲平、飯森智也、長田大吾、山崎優の協力を得た。出版の労を取っていただいた学文社・田中千津子女史にはとくに感謝したい。

平成二〇年春

筆者記す

ホワイトヘッドの著書の日本語版（松籟社を除く。松籟社はホワイトヘッドの著書全巻を出版している。）

全訳（叢書・思考の生成）『プリンキピア・マテマティカ序論』（岡本賢吾・戸田山和久・加地大介訳）、哲学書房、昭和六三年（四部作の第一部作のみ、ラッセルとの共著）

抄訳（世界の名著58）『観念の冒険』（種山恭子訳）、中央公論社、昭和四六年

全訳（宗教思想選書8）『宗教の形成』（斉藤繁雄・園田義道訳）、理想社、昭和四二年

全訳（世界大思想全集17）『ホワイトヘッド（「象徴作用」「過去の研究」「予見について」「科学と近代世界」）』（市井三郎訳、上田泰治・村上至孝訳）、河出書房新社、昭和三〇年

全訳（世界思想教養全集16）『象徴作用』（市井三郎訳）、河出書房新社、昭和三九年。

全訳（現代思想選8）『象徴作用（他「斉一性と偶然性」「過去の研究」「予見について」）』（市井三郎訳）、河出書房新社、昭和五五年

全訳『科学的認識の基礎』（原著：The Concept of Nature）（藤川吉美訳）、理想社、昭和四五年

全訳『自然認識の諸原理』（藤川吉美訳）、東京図書、昭和四七年

全訳『数学入門』（河野伊三郎訳）、白林社（新潟市）、昭和二二年

全訳（創元科学叢書48）『数学入門』（河野伊三郎訳）、創元社、昭和二八年

全訳（創元科学叢書50）『科学と近代世界』（上田泰治・村上至孝訳）、創元社、昭和二九年

全訳（世界思想教養全集16）『科学と近代世界』（上田泰治・村上至孝訳）、河出書房新社、昭和三九年

全訳（現代人の思想20）『科学と近代世界』（上田泰治・村上至孝訳）、平凡社、昭和四三年

全訳『教育の目的』（元野義勝訳）、教育書林、昭和三〇年

全訳『ホワイトヘッド教育論』（久保田信之訳）、法政大学出版局、昭和四七年
全訳『教育の目的』（杉本正二訳）万流社、昭和五六年
原書『自然と生命』（由良君美註）、開文社、昭和三七年

ホワイトヘッドの関連書

荒川善廣『生成と場所』行路社、平成一四年
市井三郎『ホワイトヘッドの哲学』弘文堂、昭和三一年
市井三郎『ホワイトヘッドの哲学』（改訂版）、第三文明社、昭和五五年
伊藤重行『システムポリティックス』勁草書房、昭和六二年
伊藤重行『システム哲学序説』勁草書房、昭和六三年
伊藤重行『日本からの新しい文明の波』勁草書房、平成七年
伊藤重行『アジアと日本の未来秩序』東信堂、平成一六年
伊藤重行『釧路湿原の聖人――長谷川光二』学文社、平成一七年
植田清次『アングロサクスン哲学の伝統』東京堂、昭和二二年
コリン・ウイルソン『宗教と反抗人』（中村保男訳）、紀伊國屋書店、昭和四〇年
コリン・ウイルソン『アウトサイダーを越えて』（中村保男訳）、竹内書店、昭和四一年
遠藤弘編『プロセス思想研究』南窓社、平成一一年
大島豊『現代哲学の発達』第一書房、昭和二〇年
大島豊『宇宙論』第一書房、昭和二二年
ジョン・B・カブ『対話を越えて』（延原時行訳）、行路社、昭和六〇年
ポール・G・クンツ『ホワイトヘッド』（一ノ瀬正樹訳）、紀伊國屋書店、平成三年
郷義孝『ホワイトヘッドの有機体の思想』晃洋書房、平成一〇年
ドナルド・W・シャーバーン『過程と実在への鍵』（松延慶二・平田一郎訳）、晃洋書房、平成六年

菅谷規矩雄他『表象の転移』白馬書房、昭和五六年
田中裕『逆説から実在へ』行路社、平成五年
田中裕『ホワイトヘッド――有機体の哲学』（現代思想の冒険者たち）、講談社、平成一〇年
ケネス・G・デンバイ「時間と偶然」（大淵和夫訳）『デイオゲネス』、河出書房新社、昭和五五年
鶴見俊輔『本と人と』西田書店、昭和五四年
中村昇『ホワイトヘッドの哲学』（講談社選書メチエ）、講談社、平成一九年
延原時行『ホワイトヘッドと西田哲学の〈あいだ〉』法蔵舘、平成一三年
チャールズ・ハーツホーン、クレイトン・ピーデン『コスモロジーの哲学――ホワイトヘッドの視座』（京屋憲治訳）、文化書房博文社、平成一〇年
Ch・ハーツホーン『ホワイトヘッドの哲学』（松延慶二・大塚稔訳）、行路社、平成一年
藤原保信『政治理論のパラダイム転換』岩波書店、昭和六〇年
ルシアン・プライス編『ホワイトヘッドの対話』（岡田雅勝・藤本隆志訳）、みすず書房、昭和五五年
プロセス研究シンポジウム『環境倫理の課題』行路社、平成五年
プロセス研究シンポジウム『ホワイトヘッドと教育の課題』行路社、平成六年
村上陽一郎編『現代科学論の名著』中公新書、昭和六四年
村田晴夫『管理の哲学』文眞堂、昭和五八年
村田晴夫『情報とシステムの哲学』文眞堂、平成二年
山本誠作『ホワイトヘッドの宗教哲学』行路社、昭和五二年
山本誠作『ホワイトヘッドと西田哲学』行路社、昭和六〇年
山本誠作『無とプロセス』行路社、昭和六二年
山本誠作『ホワイトヘッドと現代』法蔵舘、平成三年
S・K・ランガー『シンボルの哲学』（矢野萬里他訳）岩波書店、昭和三五年
ヴィクター・ロー『ホワイトヘッドへの招待』（大出晁・田中見太郎訳）、松籟社、昭和五七年

初出誌・著書一覧

第一章「A・N・ホワイトヘッドの道」（改題）（『政治思想とデモクラシーの検証』東信堂、二〇〇二年）
第二章「A・N・ホワイトヘッドの哲学の基本概念と現代的意義」（改題）（「A・N・ホワイトヘッドの哲学の現代的意義」『システム哲学序説』勁草書房、一九八八年）
第三章「A・N・ホワイトヘッドの政治理論」（改題）（「ホワイトヘッドの政治理論」『プロセス思想』第九号、日本ホワイトヘッド・プロセス学会、二〇〇〇年）
第四章「A・N・ホワイトヘッドのサイバネティックスの政治理論とデモクラシー」（改題）（『政治思想とデモクラシーの検証』東信堂、二〇〇二年）
第五章「A・N・ホワイトヘッドの平和論――その評価と批判」（第29回日本ホワイトヘッド・プロセス学会全国大会シンポジウム発表原稿、同朋大学、二〇〇七年九月二九日）
第六章「日本のホワイトヘディアンからの手紙」（『日本からの新しい文明の波』勁草書房、一九九五年）
第七章「A・N・ホワイトヘッドとシステム哲学の系譜」（改題）（「システム哲学とA・N・ホワイトヘッドの哲学」『システム哲学序説』勁草書房、一九八八年）
第八章「A・N・ホワイトヘッドの出来事・有機体・現実的実質とシステムの比較」（改題）（「出来事・有機体・現実的実質とシステム」『プロセス思想』創刊号、日本ホワイトヘッド・プロセス学会、一九八五年）
第九章「A・N・ホワイトヘッドからシステム哲学への発展」（改題）（「有機体の哲学の〝現実的実質〟とシステム哲学の〝システム〟の接点」『システム哲学序説』勁草書房、一九八八年）
第十章「システムの存在論（Systems Ontology）」（『アジアと日本の未来秩序』東信堂、二〇〇四年）
第十一章「A・N・ホワイトヘッドと長谷川光二の美的世界の探求」（改題）（「A・N・ワイトヘッドと長谷川光二」『プロセス思想』第一一号、日本ホワイトヘッド・プロセス学会、二〇〇四年）
第十二章「A・N・ホワイトヘッドの持続性――地球文明の有機的統合に向けて」（第27回日本ホワイトヘッド・プロセス学会全国大会シンポジウム発表原稿・千葉商科大学、二〇〇五年九月二四―二五日）

拙著の出版一覧表

（著書）

『政治学――近代と現代』学文社、一九八〇（共）
Goals for Mankind, E. P. Dutton (New York) 1981（共）
Goals in Global Community, Pergamon Press, (New York) 1982（共）
『若者の未来地図』櫂歌書房、一九八六（単）
『風景の世界』櫂歌書房、一九八六（単）
『システム・ポリティックス』勁草書房、一九八七（単）
『システム思考の源流と発展』九州大学出版会、一九八七（共）
『システム哲学序説』勁草書房、一九八八（単）
『日本的システム思考』中央経済社、一九九一（共）
『国際交流と地球社会』あきつ出版、一九九二（共）
『環境百科』駿河台出版社、一九九二（共編）
『アジア・太平洋関係論』あきつ出版、一九九三（単）
『日本からの新しい文明の波』勁草書房、一九九五（単）
『ホワイトヘッドと文明論』行路社、一九九五（共）
Doing Business in Asia-Pacific Region Countries, Du Nam Publishing, 2001（共）
『政治思想とデモクラシーの検証』東信堂、二〇〇二（共）
『アジアと日本の未来秩序』東信堂、二〇〇四（単）
『釧路湿原の聖人・長谷川光二』学文社、二〇〇五（単）
『誰も知らない三つの鶴居を教えます』フォーネット社、二〇〇七（単）
『ツルになったおばあちゃん』中西出版、二〇〇七（共）

『アジア太平洋秩序形成論』櫂歌書房、二〇〇八（単）
『鶴居天国』（出版予定）二〇〇八（単）

（翻訳書）
『地球社会への目標』（ラズロー）産能大学出版部、一九七九（単）
『人類の目標』（ラズロー他）ダイヤモンド社、一九八〇（共）
『システム哲学入門』（ラズロー）紀伊國屋書店、一九八〇（単）
『思考の諸様態』（ホワイトヘッド）松籟社、一九八〇（共）
『効率型社会への道程図』（ハブリリシン）ダイヤモンド社、一九八二（共）
『個人主義、全体主義、政治権力』（ラズロー）御茶の水書房、一九八五（共）
『サイバネティクスの政治理論』（ドイッチュ）早稲田大学出版部、一九八六（共）
『紛争と平和の世界的文脈（2）』国際書院、一九八九（共）
『マクロシフト』（ラズロ）文藝春秋、二〇〇二（共）

（辞書）
『外来語辞典』（寄稿）ぎょうせい、一九八五（共）
World Encyclopedia of Peace (4 Vols),（寄稿）Pergamon Press, 1986（共）
『大日本百科事典』（寄稿）小学館、二〇〇三（共）

事項索引

人名索引

マ行

ヤ行

ラ行

著者略歴

伊藤重行（Shigeyuki Itow）1943年生まれ。

1968年　明治大学政経学部卒業（BA）
1973年　明治大学大学院政経研究科博士課程修了（MA）
1990年　経済学博士号取得（九州大学経済学部）（PhD）

1976年　ローマ・クラブ研究員・日本チームディレクター
1989年　アジア・太平洋プロジェクト・ディレクター
1989年　Internationl Space University 客員教授（フランス）
1991年　米国 Nova Science Publishers 編集顧問（ニューヨーク）
1993年　南カリフォルニア大学客員研究員（米国）
1994年　Woodrow Wilson Center 会議招聘教授（ワシントン DC）
1996年　台湾・淡水大学『未来研究』編集委員（台北）
1997年　Rockefeller Bellagio Conference Center 会議招聘教授（北イタリア）
1999年　米国 Barons New Century Award 受賞（カリフォルニア）
2000年　ロシア極東国際ビジネススクール名誉教授（ハバロフスク）
2003年　新風社出版奨励賞受賞

現在　九州産業大学経営学部・大学院教授，福岡県明推協副会長，
　　　福岡ベトナム友好協会会長，その他学会理事多数。

（勤務先）〒813-8503　福岡市東区松香台2-3-1　九州産業大学経営学部
　　　　　電話　092-673-5313　電子メール　itow@ip.kyusan-u.ac.jp

ホワイトヘッドの政治理論

2008年9月20日　第一版第一刷発行

著者　伊藤重行
発行所　㈱学文社
発行者　田中千津子

〈検印省略〉

東京都目黒区下目黒3-6-1　〒153-0064
電話 03(3715)1501　振替 00130-9-98842

乱丁・落丁の場合は本社にてお取替え致します。印刷／新灯印刷株式会社
定価は売上カード，カバーに表示してあります。http://www.gakubunsha.com

ISBN978-4-7620-1868-8